이제, 전주다

진봉헌의 희망 찾기, 진봉헌의 비전

이제, 전주다

인쇄 2014년 03월 03일
발행 2014년 03월 06일

지은이 진봉헌
발행인 서정환
펴낸곳 신아출판사
주소 전북 전주시 완산구 공북 1길 16(태평동 251-30)
전화 (063) 275-4000 · 0484 · 6374
팩스 (063) 274-3131
이메일 shina2347@naver.com   sina321@hanmail.net
출판등록 제465-1984-000004호
인쇄 · 제본 신아출판사

저작권자 ⓒ 2014, 진봉헌
이 책의 저작권은 저자에게 있습니다. 서면에 의한 저자의 허락없이 내용의 일부를 인용하거나 발췌하는 것을 금합니다.
COPYRIGHT ⓒ 2014, by Jin Bongheon
All right reserved including the rights of reproduction in whole or un part un any form.
저자와 협의, 인지는 생략합니다.
잘못된 책은 바꿔 드립니다.

ISBN 979-11-5605-054-4 03300
값 16,000원

이 도서의 국립중앙도서관 출판시도서목록(CIP)은 서지정보유통지원시스템 홈페이지(http://seoji.nl.go.kr)
와 국가자료공동목록시스템(http://www.nl.go.kr/kolisnet)에서 이용하실 수 있습니다.
(CIP제어번호: CIP2014007228)

Printed in KOREA

진봉헌의 희망 찾기, 진봉헌의 비전

이제, 전주다

신아출판사

머리말

　　1996년부터 2014년까지 틈틈이 각종 언론매체에 기고했던 '진봉헌의 비전'을 모았습니다. 그 외에 저에 관한 신문기사와 각종 대담자료도 함께 수록하였습니다. 그 글들에는 지난 18년간 지역 현안에 대한 고민과 모색, 해결과 성취의 과정이 고스란히 담겨 있습니다. 그 과정은 또한 새로운 시작의 원동력을 찾아내는 일이기도 합니다.

　　저는 수도권 판사라는 기득권을 포기하고 1991년 1월 전주지방법원 판사를 자원하였습니다. 사법연수원 시절 후배들과 약속했던 "뜻 있는 법조인들이 서울에만 있지 말고 지방으로 내려가야 한다."는 다짐을 뒤늦게 지키기 위해서였습니다.

　　전주에서 처음 법률문화의 수준을 높이자는 뜻을 모아 지역의 판사와 검사, 교수들이 모여 전북지역을 위한 법률가 모임을 결성하여 수년간 매달 연구모임을 가졌습니다.

　　1994년 2월 사표를 내고 변호사 업무를 시작하자 재판하는 입장에서 재판받는 입장으로 바뀌었습니다. 그때 가장 크게 충격을 받은 것은 합의부 사건에 대한 항소심 재판을 받기 위하여 광주까지 다녀야 한다는 사실이었습니다. 단 5분의 재판을 위하여 3시간을 왕복해야 한다는 불편함과 타 지역 사람들에게 재판을 받아야 한다는 열패감에 도저히 참을 수 없었습니다. 차라리 "내가 변호사를 전주에서 안 하면 안 했지." 이러한 상황은 가만히 두고 볼 수 없다는 생각에 밤 낮 없이 뛰어다닌 끝에

10년 만에 2004년 7월 광주고등법원 전주부 유치가 확정되었습니다.
  그 와중에 1997년 IMF 외환위기 때에는 실업자들이 양산되자 전라북도의 거의 모든 시민 사회 단체들이 모여 전북실업자 종합지원센터를 만들면서 대표를 맡아달라고 요청하여 2년간 물심양면으로 힘을 보탰습니다.
  2000년대 초반에는 교육계의 비리가 사회적 문제가 되자 교육 관련 단체들이 모여 전북교육개혁과 자치를 위한 시민연대를 만들면서 상임대표를 맡아달라고 하여 3년간 또, 그 일까지 맡기도 했습니다.
  2006년 전북지방변호사회 회장 재직 시에는 새만금 관련 소송에서 가처분이 받아들여져 방조제 공사가 중단되는 초유의 사태가 발생하였습니다. 재복은 없어도 일복이 많은 팔자인지 모르겠습니다.
  전북지방변호사회도 공동변호인단을 구성하여 힘을 보탰고 다행히 승소로 끝났지만 잃어버린 시간은 되돌아오지 않았습니다.
  옛글들이 과거로의 시간여행을 하게 합니다. 그러나 과거가 과거로 끝나지는 않습니다. 새로운 시작의 언저리에서 가장 큰 원동력이 되리라 믿습니다.

2014년 3월

진 봉 헌

| 차례 |

머리말

1부 | 칼럼
으뜸 도시, 이제 전주다

딸 시집보낸 날	012
바로 서야 할 지방자치	015
다시 생각하는 법조 삼성	018
으뜸 도시, 이제 전주다	021
담대한 구상이 필요한 전북	024
광주고법 전주부 설치가 가져온 것들	027
서남권 신공항과 새만금	030
누구를 위한 전주시인가	033
그 숲 이야기	036
전주-완주 통합 무산 이후의 숙제	039
왜 항소법원인가?	042
비주류 출신 대통령의 명암	045
일어서는 전북	048
경제위기에 대한 국정조사가 필요하다	051
항소심 법원의 전면 개편이 필요하다	054
선진 사법부를 꿈꾼다	057
사법개혁의 전망	060
국회서 낮잠자는 '사법개혁'	064
조무제 전 대법관이 그립다	067

박남준 시인에게 보내는 답장	070
세 번의 기도, 한 번의 절망	073
변호사란 무엇인가	076
새 사법부 수장에 거는 기대	079
도청보다 더 나쁜 것은?	082
도민과 함께하는 소리축제	085
노무현과 세대교체론	088
시대정신으로 본 사법개혁	091
고속철도 시대의 迷兒, 전주	094
새만금 소송의 해법	097
로스쿨 유치의 당위성	100
전북인의 좌절과 열망	103
김제공항 건설의 전제조건	106
시장경제와 법	109
과거사 청산을 제대로 하자	112
고법 전주지부 이후의 과제	115
새 대통령에 바란다 '지역화합 국정 최우선'	118
개혁론의 허실	121
교육과 지역발전	124
클린턴과 한국정치	127
21세기와 법률	130
전주를 바꿉시다	133
대법원은 약속을 지켜야 한다	136
새 천년 새 정치에 대한 제언	138
누가 가짜인가	142
대통합의 시대	146
희망 찾기	149
대통령 당선자에게 바란다 '진정한 한국 현대사의 시작'	152

무엇을 위한 대권인가 155
한보사건의 근원 158
지방화 시대와 지역 언론 161

2부 | 신문기사 진봉헌을 주목하라

민주당 정책위 활동 주목 속… 진봉헌 부의장 역할도 관심사 166
전주 항소법원 설치 준비 순항 168
진봉헌 고법 전주부 환원 추진위원장 선출 170
새만금사업 대법원 승소 '일등공신' 171
진봉헌 변호사, 전주고법 유치운동 공로 173
소충·사선문화제 향토봉사 부문 본상 수상
당 위상 세우기 책임 막중 175
진봉헌 변호사 26년 만에 한 푼다 177
광주고법 전주부 설치 '일등공신' 179
민주 전주시장 후보 '비효율 사업 폐지' 181
민주당 진봉헌 전주시장 후보 본격 선거운동 시작 182
친환경 개발·끝물막이 성공 올인 183
고법 유치 앞장선 진봉헌 변호사 186
전북지방변호사회 새만금 승소 대환영 188
찬바람 불 때 더 제맛 나는 시원하고 담백한 복지리 190
진봉헌 변호사회장 사개추위 회의 참석 192
소외층 법률구제 활성화 194
법조계 신뢰 향상에 최선 195
도내 현안사업 물꼬 트는 계기 되길 197

전주고법 유치 자축	199
'고법 유치 지역발전 원동력' 200만 도민에게 빛이 된 쾌거	200
대법원 이중 잣대·정치권 비협조로 낭패	202
전주고법 유치 관련법 촉구 진봉헌 변호사—조배숙 의원	205
전주지부 명분—실리 충분	207
전주고법 빨리 설치하라	209
도민—정치권 함께 고법 유치 노력해야	211
희망의 새 정치 번영의 새 천년 당당한 젊음의 큰 걸음 주목하라	213
실업자종합지원 전북센터 개소식	217
도민 실생활에 도움 주는 조례안 제·개정 적극 참여	219
15대 국회의원에게 바란다 '전문성 높여라'	221

3부 | 대담
전주시, 창조적 자립도시로 성장해야

전주시, 창조적 자립도시로 성장해야	226
이웃과 함께하는 법률사회를 위하여	233
평등한 재판권 도민의 바람	237
원스톱 서비스센터 구축돼야	240
패배의식 과감히 벗자	242
전라고 후배들과의 대화	
38년의 세월을 넘어 후배들에게	247
진선미 의원 대담	
원세훈 전 국정원장 '정치개입' 의혹 폭로 민주당 진선미 의원	251

후기 | 264

1부

칼럼

으뜸 도시, 이제 전주다

딸 시집보낸 날

지난 16일 딸을 시집보냈다. 요즘 세태로 보면, 딸을 시집보냈다는 표현보다는 사위를 맞아들였다는 표현이 더 적절할지 모르겠다. 그렇지만 나는 '시집갔다'의 현대적 의미를, 이제는 독립하여 당당하게 살아가야 하는 넓은 세상으로 나간 것으로 이해한다.

날씨는 최고 온도 영상 10도, 최저 온도 영상 0도로 근래에 들어 가장 좋았다. 이미 날씨만으로도 충분히 축복받았다. 그런데 수개월 전부터 결혼식 날 딸에게 가장 큰 선물을 주어야겠다고 결심한 나는 망설이다가 이날 결국 결행했다. 그 선물은 일생에 한 번밖에 없는 날, 가장 긴장되는 신부 입장 시간에, 아빠가 세상을 살면서 느낀 가장 중요한 교훈을 딸에게 귓속말로 전달한 것이다. 나로서는 값비싼 다이아몬드 반지보다 훨씬 더 귀한 선물이었다. 이 세상에서 가장 아름답고 소중한 것은 마음으로만 느낀다. 이렇게까지 했는데 절대 잊지 않겠지. 자존심이 유난히

강한 딸에겐 어찌 보면 지독한 잔소리로 여겨질 수도 있으리라.

사실 딸과 무지무지하게 사이가 안 좋은 적이 몇 번 있었다. 두 고집불통이 만나면 반대 방향에서 마주 오던 KTX열차가 선로에서 맞부딪친 것만큼이나 파열음이 컸다. 그러나 우리는 언제 그랬냐는 듯이 훌훌 털고 다음에 또 맞장 뜨는 것을 두려워하지 않았다.

어찌 보면 내 자신은 딸뿐만 아니라 세상과도 겁 없이 맞장 뜨면서 상처를 많이 입었다. 훌훌 털고 일어나는 것도 한두 번이지 이제는 세상에 길들여져 순한 양이 됐다. 그래서 그런 시행착오 과정에서 느낀 교훈을 딸에게는 꼭 전해주고 싶었던 것이다.

먼저 딸에게 '잘 자라주어서 고맙다.'고 칭찬의 말을 전했다. 수도권 판사도 싫다고 자원하여 전주지방법원 판사로 내려왔다가 변호사로 전주에 정착한 나에게 왜 자녀들을 서울에 있는 학교로 보내지 않냐고 책망한 사람도 꽤 있었다. 동네 유치원에서 고등학교까지 전주에서 다 녔어도 좋은 대학과 좋은 로스쿨에 합격한 딸에게 처음으로 고마운 마음을 고백한 것이다. 그리고 나서 나는 딸에게 '항상 온유한 마음을 잃지 마라.'고 당부했다. 늘 주위의 모든 이들에게 따뜻하고 부드러운 마음가짐과 태도로 살아가라는 취지였다. 곧이어 나는 그러기 위해서는 가능한 한 '모든 사람을 이해하고 있는 그대로 수용하려고 노력하라.'고 덧붙였다.

때로 젊은 사람들은 자기가 살면서 갖게 된 좁은 틀과 주관적 잣대를 가지고 세상 사람들을 판단하는 우를 범하곤 한다. 나 역시 그런 잘못을 하지 않았다고 말할 수 없다. 지금의 나 역시 여전히 미숙하니.

가끔 오만하고 무례한 법조인을 만난다. 아무리 보아도 오만할 만한 구석이 없는데 무얼 믿고 그러는지 신기한 경우도 더러 있다. 세월이 지나면서 느낀 것 중 하나가 대부분의 법조인이 세상의 거친 풍파를 이겨내면서 살아온 일반인보다 세상을 보는 눈이나 세상을 껴안는 폭이 더 나은 게 없다는 점이다. 그러면서도 특권의식과 선민의식에 젖어 있다면 답답하다.

세상살이야말로 가장 크고 좋은 학교다. 이제 사회생활에 나서는 사람은 진짜 학생이다. 따라서 세상을 있는 그대로 받아들이고 존중하면서 세상을 배워가야 한다. 그러면서 아주 조금씩 세상을 바꿔가는 개혁가가 된다면 최고의 인생을 사는 사람이 될 것이다.

이제 세상의 거친 파도를 헤쳐나아가야 하는, 예비 법조인이기도 한 딸에게 결혼식장에서까지 잔소리를 하는 아빠의 충정을 우리 딸은 이해해줄까?

아니면 듣기 싫은 뻔한 잔소리라고 치부해 버릴까?

『대한변협신문』 2014. 2. 24.

바로 서야 할 지방자치

시민들이 원하는 이상적인 지방자치는 소박하다. 행정의 주체인 공무원이 자부심을 갖고 열심히 일할 수 있는 여건이 조성되고, 행정의 수혜자인 시민의 목소리가 여과 없이 행정에 반영되며, 먼 미래를 위한 준비가 차분하게 이루어지면 된다.

그럼에도 불구하고 현실의 지방정치의 모습은 정반대이다. 전라북도의 경우 절반 이상의 자치단체가 부정혐의로 수사를 받고 있고, 지역경제는 침체되고 활력을 잃어가고 있다.

왜 그럴까? 그 답은 이제까지의 지방정치 행태에서 찾을 수 있다. 그동안 지방정치인은 중앙정치인에게 줄을 잘 서는 것이 가장 중요했고, 그러한 지방정치인들에게 시민들은 당원 모집의 방식으로 또는 경선 참여 시민 모집의 방식으로 세를 과시하는 동원의 대상이었다. 그 결과 유권자가 135만 명인 전라북도에서 한 정당의 당원이 42만 4천 명, 당비

납부당원이 12만 2천 명인 기형적인 모습이 나타났다. 새 정치를 표방하는 무소속 안철수 의원 측에도 지역정치인들이 줄서고 세 과시를 위해 회원을 모집하는 행태는 여전하다.

그런데 이러한 중앙정치에 예속된 지방정치의 폐해는 너무 크다. 줄서는 정치, 동원하는 정치를 위해서는 막대한 정치자금이 소요되고, 그러한 정치자금을 마련하기 위한 편법들은 지방정부를 부정과 부패의 늪에 빠지게 만든다.

뿐만 아니라 정도와 원칙을 지키려는 후보들은 애초부터 출마를 포기하거나 출마하더라도 낙선이니 양질의 정치인이 설 자리가 없다. 범법을 두려워하지 않는 간 큰 그들만의 리그가 있을 뿐이다. 거기에서 수단과 방법을 가리지 않고 이긴 승자들에게는 또다시 줄을 서려는 공무원, 기업인, 자영업자들이 기다리고 있다.

이것이 자치단체의 부정과 부패, 무능의 악순환의 고리가 완성되는 과정이다. 그 과정에서 활력을 잃고 침체를 거듭하고 있는 지역경제는 관심 밖이다. 왜냐하면 줄을 잘 선 사람들에게는 불황이 없기 때문이다. 다음 선거는 적당한 전시행정으로 대응하면 된다.

그러나 이제 이러한 악순환의 고리를 과감하게 끊어야 하지 않을까? 기초지방자치선거의 공천제 폐지로 중앙정치인에 줄 서는 정치도 폐지될 운명이다. 구태정치의 단맛에 중독된 중앙정치인의 사보타지로 공천제 폐지 과정에 다소 난관이 예상되지만 대세를 막지는 못할 것이다. 선거를 앞두고 중앙정치인들이 대선공약인 기초지방자치선거의 공천제 폐지안을 헌신짝처럼 버리기는 어렵다. 그렇게 되면 자신들이 국민들로부터 헌신짝처럼 버려지기 때문에 결국 국민의 뜻에 순응할 수밖에 없다.

여기에 제대로 된 지방자치를 만들려는 시민들의 노력이 보태진다면 이상적인 지방정치는 성큼 다가올 것이다. 청렴한 정치, 청렴한 정치인은 깨어 있는 시민만이 만들 수 있다. 지금부터는 시민들이 깨끗하고 유능한 지방정치를 만들기 위해 나서야 한다. 시민들이 중심이 되어 지역현안에 대한 의견을 집약하고, 비전과 정책을 만들고, 그 뜻에 부합하는 양질의 후보들을 적극 지원하는 일들을 시작하여야 한다.

불우한 이웃을 돕는 자원봉사가 정착된 지금 바로 우리 자신의 미래를 만들어가는 시민들의 정치참여가 정착되지 못할 이유가 없다.

시민들의 힘으로 멋진 지방자치가 바로 우리 앞에서 화려하게 꽃피우기를 기대한다.

『전북도민일보』 2013.12.24.

다시 생각하는 법조 삼성

아름다운 호수가 있는 전주 덕진공원 서쪽 구릉에는 법조 삼성의 동상이 있다. 법조 삼성은 후손들이 위대한 법조인으로 기리고 있는 김병로, 최대교, 김홍섭 세 분이다.

이 세 분의 좌상은 공원 한중앙에 있는 신석정 시인의 동상과 함께 시민들의 사랑을 듬뿍 받고 있다. 그 이유는 조각 작품 자체로 보더라도 예술성을 갖추고 있기 때문이다. 위 조각상들에는 신석정 시인의 천진난만한 모습, 김병로 초대 대법원장의 꼿꼿한 모습, 최대교 검사장의 강단 있는 모습, 김홍섭 사도법관의 고뇌하는 모습이 살아 숨 쉬듯 생생하다.

그런데 시민의 사랑을 받는 시인과 법조인에게는 공통점이 있는 것 같다. 지고지순한 순수함과, 목숨 바쳐 추구하는 이상, 말과 삶이 일치하는 담백함이 그것이다.

지금 그 어느 때보다 중요한 역할이 부과된 사람들이 법조인들이다. 민주주의가 위기에 처해 있고 극심한 사회적 반목이 있는 시대 상황은 법조인을 힘들고 고달프게 한다. 정치권력은 외압을 가하고 말을 듣지 않으면 비열한 수단으로 보복을 서슴지 않는다. 또, 언론은 정권의 나팔수 역할을 하면서 자기들 입맛에 맞게 선동하다가 맘에 들지 않으면 매도하기 십상이다. 군중들의 기호는 시도 때도 없이 변한다. 그렇다고 도움을 줄 사람도 없다. 외롭게 혼자 고독한 결단을 내려야 하는 운명이다.

그래도 법조인들에게 그나마 의지가 된다면 법조 삼성이 아닐까?

김병로, 최대교, 김홍섭 세 분의 삶을 돌이켜보면, 편한 세상은 없는 것 같다. 정치적 억압과 가난 등은 언제 어디에나 있기 때문이다. 그리고 올곧은 길을 가는 사람들의 삶은 힘들고 고달픈 것 같다. 가시밭길이기 때문이다. 그렇지만 더 분명한 것은 그러한 분들이 없는 세상은 희망이 없다는 점이다. 모든 사람들이 좋은 게 좋다는 식으로 현실에 영합하고 자신의 사리만 추구한다면 세상은 정글의 법칙만이 통하는 야만의 세계로 전락한다. 밤하늘을 빛나게 하는 달과 별이 없는 세상과 마찬가지로 암흑천지가 될 것이다.

김병로 초대 대법원장은 1948년부터 1957년까지 10년간 재직하면서 한사코 법이 권력에 굴복하는 것을 막으셨다. "법관은 비록 굶어 죽더라도 부정을 해서는 안 된다."고 강조하셨던 가인 김병로는 당시의 독재권력에 맞서 사법권의 독립을 지키는 도덕적 기초를 공고히 하였다.

최대교 검사장은 강직한 검찰권 행사로 일체의 정치공작과 타협하지 않았다. 부정에 연루된 장관을 기소하고 김구 선생 암살사건의 배후를 밝히는 양심선언을 하는 등 검찰의 양심과 기개를 지켰다.

김홍섭 사도법관은 사후 흰고무신과 법복 한 벌만 남기셨다는 유명한 일화처럼 청빈하게 살아오신 분이다. 인간이 다른 인간을 심판할 수 있느냐는 근본적인 질문을 끊임없이 던졌던 그분은 영혼과 법의 일치를 구현한 사도행전의 생애를 살았다.

근대사법의 역사도 이제 훌쩍 100년을 넘어섰다. 그 세월이 의미 있는 것은 법조 삼성을 비롯한 수많은 훌륭한 법조인들의 노력으로 법치주의와 삼권분립이 확립되었기 때문이다. 그렇지 않았다면 그 100년의 역사는 우리를 절망케 할 수도 있었다. 하지만 법조인들은 개인의 인권과 사적재산권을 완벽하게 보호하기 위해 분투했고 그 결과 시장경제와 민주주의가 꽃을 피우고 있다.

중국에서는 아직도 사람들이 목숨을 지키기 위하여 돈을 벌고 재산을 지키기 위하여 안전하게 재산권이 보장되는 선진국으로 자녀들을 유학 보내고 재산을 빼돌리고 있다고 한다. 역사는 전진만 하는 것이 아니라 후퇴할 수도 있다. 어려운 사건들을 처리하고 있는 법조인들이 큰 바위 얼굴 같은 법조 삼성을 다시 생각하면서 용기를 잃지 않았으면 좋겠다.

『대한변협신문』 2013. 12. 2.

으뜸 도시, 이제 전주다

개인의 인생과 마찬가지로 한 지역의 운명에도 전기가 있다. 지금이야말로 전주의 운명이 다시 바뀔 수 있는 절호의 기회다. 불과 몇십 년 전에만 해도 6대 도시에 들어갔던 전주가 어느새 20대 도시 밖으로 밀려났다. 하지만 이제는 전주의 화려한 부활이 현실로 다가온다.

지난 50년간의 공업화 시기는 포항, 울산, 창원 등 동남해안의 시대였다. 그 배경에는 우리나라의 주요 교역상대국이 세계 1, 2위의 경제대국인 미국과 일본이고, 동남해안이 이 나라들과 지리적으로 가깝다는 점이 크게 작용했다. 그러나 지금은 중국이 최대 교역상대국이며, 중국의 경제력은 2010년에 이미 일본을 앞질렀고 2020년에는 미국도 앞지를 것으로 예상된다. 따라서 중국과 가까운 서해안이 유리한 시대가 되었다.

또한 산업구조도 급격하게 변하고 있다. 문화, 관광, 금융, 유통, 의료 등 서비스 산업의 비중이 커지고 있으며, 공업도 최첨단 산업과 소프트

웨어 산업 위주로 재편되고 있고, 농업과 식품 산업이 새롭게 부상하고 있다.

이러한 새로운 산업의 입지로는 미개발지가 많은 지역이 상대적으로 유리하다.

서해안 시대가 먼저 시작된 곳은 경기도 평택과 충남의 천안, 당진이다. 서울과 가깝고 항만과 도로, 철도 등 인프라가 좋고 미개발지도 많아 삼성과 현대 등 대기업의 대규모 투자가 집중되었다. 하지만 지금은 이미 지가가 많이 상승했고 미개발지도 많지 않다.

그에 반하여 전주와 근접한 새만금지역에는 거의 무한대에 가까운 방대한 국가 소유의 토지가 개발되고 있고 항만과 도로, 철도 등 인프라도 건설 중이다. 동북아 경제 중심지라는 개발 비전도 이러한 잠재력에 근거를 두고 있다. 그런데 지금은 한 걸음 더 나아가, 우리나라가 직면하고 있는 저성장을 극복할 성장거점으로의 역할을 부여받고 있다. 정홍원 국무총리가 지난 12월 14일 새만금이 대한민국의 경제 부흥전략기지가 되어야 한다고 말한 것도 같은 맥락이다. 그리고 그 구체적 프로젝트로 국제협력경제특구 조성이 추진되기 시작했다.

이 결정적 호기를 살리면, 전주는 으뜸 도시가 된다. 전주의 한옥마을은 서울의 인사동과 북촌 마을을 능가하는, 최고의 문화 관광도시로서의 입지를 굳혀가고 있다. 이는 하루아침에 이루어진 것이 아니다. 조선왕조의 발상지라는 역사적 뿌리와, 호남과 제주를 아우르는 전라감영의 본영이라는 전통, 문화와 예술이 융성한 예향이라는 자산, 풍족한 농경 문화에서 우러난 맛과 멋이 복합적으로 합쳐진 것이기에 어느 도시도 쉽게 따라올 수 없다.

거기에다가 동북아 중심도시로서의 비전을 가진 새만금지역의 배후

도시로서의 위상이 더해지면, 전주는 최고의 도시가 된다.

다만, 한 가지 더 갖추어야 할 것이 있다. 국제공항과 국제항만, 고속철도와의 연계된 전철이 그것이다. 새만금신항이 현재 건설 중이므로 나머지 새만금국제공항과, 전주역과 새만금 지역을 연결하는 전철의 건설이 관건이다.

그런데 국제공항과 국제항만, 고속전철과 연계된 전철이 없으면 새만금지역의 국제경쟁력은 원천적으로 불가능하다. 따라서 새만금지역이 명실상부한 동북아 중심도시가 되고 경제부흥기지 역할을 하려면, 어차피 꼭 필요한 인프라이다.

2014년 말부터 서울과 1시간 10분 내로 연결되는 고속철도 역이 있는 전주와 동북아 중심도시인 새만금지역이 전철로 연결되고, 1시간 거리에 국제공항과 국제항만이 있으면 새만금지역과 전주는 홍콩이나 싱가포르 또는 중국 심천이나 푸동에 못지않은 국제도시로 발전하게 된다. 그렇게 되면 전주와 전북은 대한민국의 성장과 번영을 이끄는 경제부흥기지가 될 것이다.

『전라일보』

담대한 구상이 필요한 전북

현재 우리 지역의 낙후와 침체는 심각하다. 그리고 그 가장 큰 피해자들은 젊은 청춘들이다. 전주에는 젊은이들에게 만족할 만한, 마땅한 일자리가 부족하기 때문에 대학을 졸업한 우수한 여성들이 전주에서 살기 위해서 박봉의 자영업체 사무직원으로 일하고, 또 그 남자 친구들은 생산직으로 일하거나 열악한 중소기업, 또는 타지로 가서 직장생활을 해야 한다.

너무나 안타까운 현실이다. 그리고 기성세대로서 책임감과 죄책감을 느끼지 않을 수 없다. 왜냐하면 이러한 현실은 호남선의 전주 통과를 반대하고 상무대의 전주 이전을 반대하며 울산광역시 승격 시 동반 승격의 노력을 하지 않았던, 그 옛날의 기성세대가 범했던 잘못이 크기 때문이다.

마침 우리는 서해안 시대라는 역사적인 호기를 맞이했다. 새만금지역

개발과 전북혁신도시 건설, 국민연금 기금운용본부 유치, 농업 관련 핵심기관의 이전과 식품클러스터 유치 등 대형 호재도 있다.

이 결정적 호기를 우리는 미래세대를 위해서라도 반드시 살려야 한다. 그러기 위해서는 보다 근원적이고 획기적인 사고의 전환이 필요하다. 다시 말하면, 지역발전을 위한 담대한 구상이 우리에게 절실하다.

그 구상에는 다음 세 가지 요소가 필수적으로 갖추어져 있어야 한다. 첫째 국가의 전폭적인 지원을 이끌어낼 수 있는 사업이어야 한다. 우리나라가 직면하고 있는 저성장을 극복할 수 있는, 국제경쟁력을 강화하는 효과가 있어야 한다. 둘째 그동안의 침체와 낙후를 일거에 만회할 수 있는 유발효과를 기대할 수 있어야 한다. 전주가 최소한 광주나 대전보다 우위에 서는 계기가 마련되는 초대형 사업이어야 한다. 셋째 전북만이 가지고 있는 특수한 여건과 장점이 충분히 부각될 수 있는 사업이어야 한다.

그렇다면 그것이 무엇일까. 우리 전주와 전북에서 위 세 가지 요소를 구비한 대형사업은 동북아 중심도시로서의 비전을 가진 새만금지역이 명실상부한 국제경쟁력을 갖는 데 필수적인 인프라 구축을 국가사업으로 강력하게 추진하는 것이다. 한 도시나 지역이 국제경쟁력을 갖추기 위해서 꼭 필요한 인프라는 국제공항과 국제항만, 고속철도와의 연계된 전철이다. 국제공항과 국제항만, 고속전철과 연계된 전철이 없으면 새만금지역의 국제경쟁력은 원천적으로 불가능하다.

반면에 2014년 말부터 서울과 1시간 10분 내로 연결되는 고속철도역이 있는 전주와 동북아 중심도시인 새만금지역이 전철로 연결되고, 1시간 거리에 국제공항과 국제항만이 있으면 새만금지역과 전주가 홍콩이나 싱가포르 또는 중국 심천이나 푸동에 못지않은 국제도시로 발전하는 것은 시간문제이다.

　이러한 멋진 미래가 헛된 꿈에 불과할까.

　1997년 전주고등법원 유치운동이 시작되었을 때 그것이 불가능하다고 생각하는 사람들이 더 많았다. 그러나 10년 만인 2006년 광주고등법원 전주부가 설치되었다.

　전주시민과 전북도민들이 하나가 되어 적극 노력한다면 전주와 동북아 중심도시인 새만금지역이 전철로 연결되고, 1시간 거리에 국제공항과 국제항구가 있는 날이 반드시 올 것이다. 그렇게 되면 전주와 동북아 중심도시인 새만금지역은 대한민국의 성장과 번영을 이끄는 견인차가 될 것이다.

『전북일보』 2013. 12. 10.

광주고법 전주부 설치가 가져온 것들

2006년 2월 전주에 광주고등법원 전주부가 설치되었다. 그 후 우여곡절을 겪다가 현재는 2개의 재판부가 설치되어 있다.

그 결과 이제 전북도민들은 항소심 재판을 받을 권리를 충분히 보장받고 있다. 광주고등법원에서 항소심 재판을 받기 위하여 왕복 3시간을 소요하면서 광주까지 다녀야 했던 일이 벌써 호랑이 담배 피던 시절만큼이나 먼 옛이야기처럼 느껴진다. 항소한 구속 피고인들은 광주교도소로 이감되고 가족들은 피고인을 면회하기 위하여 광주까지 다녀야 했던 불편도 해소되었다. 검찰에서 무혐의 처리된 사건에 항고하면 그 사건도 이제는 광주고등검찰청 전주지부에서 처리한다. 재정신청 사건도 마찬가지로 광주고등법원 전주부에서 재판한다.

전주고등법원 유치추진위원회 집행위원장으로서 10년간 활동했던 필자로서는 감개무량한 일이다. 하지만 돌이켜보면, 왜 그렇게 광주고등법원 전주부 설치가 어려웠던가 하는 아쉬움이 크다.

당시 우리의 논리는 단순했다. '매년 수천 명의 전북도민이 광주까지 고등법원 재판을 받으러 다니는 것보다는 재판부가 전주에서 상주하면서 고등법원 재판을 하는 것이 합리적'이라는 주장이었다. 재판부는 광주에서 근무하든 전주에서 근무하든 아무런 차이가 없다. 그렇다면 재판부가 전주에서 상주하면서 고등법원 재판을 해달라는 주장이었다.

하지만 이러한 단순한 논리만으로는 부족했기 때문에 세계 각국의 항소심 제도와 비교하고, 국민의 항소심 재판받을 헌법상 권리의 보장을 요구했다.

그때 반대논리는 고등법원을 설치해서 처리할 만큼의 사건이 없다는 점과 고등법원 또는 항소심 재판부의 확대가 항소심의 법령 해석 통일의 기능을 저해한다는 점이었다. 그 외에 고등법원을 설치한다면 전주보다 더 시급한 곳이 있다는 점도 반대논리의 하나였다.

반대논리는 완강하였다. 그 반대논리 때문에 유치운동이 시작된 지 10년 동안 두 번의 입법 청원이 있었고, 국회가 새로 구성될 때마다 법사위에서는 입법을 발의한 국회의원과 대법원 행정처와의 치열한 질의 응답이 진행되는 등 지난한 과정이 계속되었다.

그러나 전주에 광주고등법원 전주부가 설치된 후 어느새 7년이 경과되었지만 반대논리가 주장했던 문제점은 발생하지 않았다. 오히려 점차적으로 청주와 창원, 춘천에 고등법원이 부가 설치됨으로써 우리의 논리가 타당함이 판명되었다.

그리고 전북에서는 상대적으로 전북에서 처리할 사건이 늘어남에 따라 변호사 식구들도 151명으로 상대적으로 다른 지역보다 더 늘었다. 그리고 전북대학교 로스쿨과 원광대학교 로스쿨에서 배출되는 변호사들을 수용할 수 있는 여지도 생겼다. 그만큼 법률문화의 수준도 높아지리라고 기대한다.

현재 경기도에서 고등법원 유치 운동이 활발하게 전개되고 있다. 그리고 나머지 남은 지역인 인천, 울산, 의정부에서도 그 필요성이 제기되고 있다.

전북의 경험에 비추어 보면, 하루라도 빨리 경기도민과 인천시민, 울산시민들도 자기 지역에서 고등법원 재판을 받도록 해주는 것이 합리적이라고 생각된다.

『대한변협신문』 2013. 9. 16.

서남권 신공항과 새만금

우리는 그동안 동남권 신공항 논란을 강 건너 불 보듯이 남의 일로만 생각해왔다. 왜 우리는 서남권 신공항을 생각하지 못했을까. 무안국제공항이 있으니 호남에서의 국제공항의 추가 건설은 안 될 거라는 고정관념에 사로잡혀 있었던 것은 아닐까? 하지만 무안국제공항에서는 현재 상하이(푸동)와 베이징으로 가는 두 노선만 운항되고 있고 앞으로도 국제항공노선이 늘어날 가능성은 희박하다. 두 개의 국제항공 노선만 운항하는 무안국제공항은 태어나서는 안 될 공항이다. 이러한 거의 활용되지 않는 무안국제공항이나 그러한 무안국제공항을 위하여 만든 광주-무안 고속도로, 지금 한참 논란이 되고 있는 무안국제공항을 경유하는 KTX 노선 신설 주장은 국고 낭비의 전형이다.

국제공항의 문제는 국가경쟁력의 관점에서 판단해야 한다. 인천공항도 조만간 포화상태에 이르게 된다. 이에 따라 세계화와 지방화 시대에 부응할 수 있는 제2의 허브공항이 앞으로 필요하다. 그래서 나온 것이 동남권 신공항이다. 대구·경북과 부산 경남, 울산의 항공 수요를 모두 충족시키는 대형 국제공항으로의 선택과 집중이다. 동남권 신공항을 주장하는 대구·경북과 부산 경남, 울산에는 이미 5개의 공항이 있다. 김해국제공항과 사천공항, 대구국제공항과 울산·포항공항이 그것이다. 그럼에도 불구하고 동남권 신공항을 추가 건설하는 것에 대해서는 어느 누구도 이론을 제기하지 않는다. 그만큼 동남권 신공항이 지역 발전에 미치는 영향이 크다는 의미이다.

동남권 신공항이 필요하면, 마찬가지 이유로 전남·광주와 전북, 충남 일부를 포괄하는 서남권 신공항도 필요하다. 그리고 그 입지는 광활한 토지가 있는 새만금이 적격이다. 그중에서도 관광 레저 타운으로 예정되어 있는 부안이 최적지라 할 수 있다. 전국적으로 골프장은 포화상태이고 군산에도 81홀의 군산 골프장이 있어 대규모 골프장을 전제로 한 관광 레저타운은 더 이상 사업성이 없다. 여러 차례의 사업자 공모에서 응찰자가 없어 몇 년째 공전하고 있는 이유도 사업성이 없기 때문이다. 따라서 관광레저타운을 포기하고 그 자리에 서남권 신공항을 건설하는 것이 국가경쟁력을 강화하는 길이다. 수도권 외에 동남권과 서남권에 대형 국제공항이 있으면, 국제교류와 관광, 물류, 유통에서 비용과 시간을 절감할 수 있기 때문이다.

부안은 국제공항을 반대하는 군산 미군 공군기지와도 거리가 많이 떨어져 있고, 위치도 전남·광주와 전북과 충남 일부 지역의 중간 지점이다. 어느 곳에서든지 한 시간이면 갈 수 있는 거리에 위치해 있다. 서해안고속도로와의 접근성도 매우 좋다. 또한 여·야 대선공약인 부안과 고창을 연결하는 부창대교가 건설되면 전남 영광, 신안, 무안에서도 한 시간이면 올 수 있게 된다. 여·야 대선공약인 새만금-정읍-남원으로 연결되는 남부 내륙고속도로가 신설되면 순천·광양, 여수·여천과의 시간적 거리도 크게 단축된다.

새만금 국제공항, 새만금 신항만, KTX를 모두 갖추면 그 시너지 효과는 상상 이상일 것이다. 전북 지역은 동북아 중심도시로서의 면모를 완벽하게 갖추게 되고, 국민연금과 그 산하 기금운용본부가 이전될 전북혁신도시도 명실상부한 국제금융도시로서의 인프라를 구축하게 될 것이다.

『전북일보』 2013. 7. 29.

누구를 위한 전주시인가

전주시는 누구를 위하여 존재하는가? 전주시민을 위해 존재한다. 당연한 이야기이다. 그런데 전주시의 덕진종합경기장 개발사업을 보면 과연 그러한지 의문이 든다.

시유지인 금싸라기 땅을 롯데그룹에 내주어 쇼핑몰을 만들게 하고 그 결과로 구도심의 중소상인들을 몰락게 하는 사업이 온당한가? 그러한 일을 전주시는 왜 하는가? 설마 롯데그룹을 위한 전주시는 아니겠지만.

혹자는 '롯데그룹이 덕진종합경기장 자리에 쇼핑몰을 만든다고 구도심의 중소상인들이 몰락하는 것은 아니다.'라고 반론할지 모른다. 그러나 그 수많은 업주들이 반대한다면 그럴만한 이유가 있지 않을까? 이미 신시가지의 무분별한 확장으로 피폐해질 대로 피폐해진 구도심 상권의 업주들이 전주시를 믿기는 어렵다. 먼저 전주시는 반대하는 업주들에게 쇼핑몰이 세워져도 중소상인들에게 피해가 적다는 점을 해명하고 설득할 책임이 있다. 그 결과를 장담할 수 없다면 사업을 진행해서는 안 된다. 전주시의 무모한 도박으로 건실한 중산층인 구도심의 자영업자들을 실험대상으로 삼아서는 안 될 일이다.

더구나 덕진종합경기장 부지를 롯데그룹에 내주고 전주시가 얻으려는 과실도 초라하다. 반대급부로 호텔과 컨벤션센터를 유치하고 종합경기장과 야구장을 신축할 수 있다는 것은 꼼꼼히 따져 보면 실익이 그리 크지 않다.

우선 소요자금이 4천억 원에 달하는 컨벤션센터 건축은 국비 지원이 쉽지 않다. 게다가 연면적이 1만㎡ 이하로서 규모가 크지 않아 호텔의 부속 예식장 역할이나 할 수준이다. 연면적 92,786㎡의 부산컨벤션센터나 연면적 62,125㎡의 제주컨벤션센터와 비교하면 컨벤션센터라는 이름을 붙이기도 부끄러울 정도다.

뿐만 아니라 호텔 신축이 전주시의 마지막 남은 금싸라기 땅을 내줄 만한 대단한 사업인가? 아니다. 그렇게 호텔이 필요하다면 코아호텔의 재개장을 위해 업체가 요청한 시비 20억 원의 지원부터 해주었어야 한다. 적은 재원으로도 당장 수백 개의 객실을 확충하고 수백 명의 고용을 창출하는 코아호텔 재개장의 지원에는 인색하면서 새로운 호텔 신축에 전주시민의 마지막 남은 금싸라기 땅을 내주는 것은 이해하기 어렵다.

종합경기장과 야구장의 신축도 향후 전국체전의 유치 등을 계기로 정부의 지원을 받아서 얼마든지 할 수 있는 일이다. 아니면 시비와 도비, 국비 등을 합하여 차분하게 진행하여도 늦지 않은 일이다.

덕진종합경기장 부지는 전주시의 마지막 남은 금싸라기 땅이다. 그 자리는 전주를 상징하는 전주 시민의 숲을 조성할 만한 곳이다. 지금은 도시 경쟁력의 중요한 한 축은 생태적 환경이다. 시내 중심지에 조성된 3만 5천 평의 숲은 전주의 경관을 바꾸고 시민들의 평화롭고 안락한 휴식처로서의 제기능을 다할 수 있을 것이다.

그리고 전주역에서 혁신도시까지, 혁신도시에서 새만금까지 전철이 개설된다면 버스와 전철의 교통환승센터로서의 역할을 할 수 있는 적지이기도 하다. 거기에다가 시외버스터미널과 고속버스터미널이 함께 들어설 수 있는 곳이기도 하다.

따라서 득보다 실이 더 많은 덕진종합경기장 부지 개발계획은 전면적으로 재검토되어야 한다. 전주시는 덕진종합경기장 부지 개발계획을 보류하여 법적인 구속력에 묶이지 않도록 미연에 방지하여야 한다.

다행히 전주시의회에서 공청회 개최 등 시민의 의견을 수렴하는 절차를 준비하고 있다고 한다. 형식적인 요식 절차가 아니라 전주시의 백년대계를 준비하는 뜻깊은 자리가 되길 바란다.

『전북도민일보』 2013. 7. 16.

그 숲 이야기

산과 들이 온통 녹색이다. 고귀한 생명의 빛깔이다. 그러나 너무 흔해서 심드렁해진다.

하지만 메마른 겨울을 생각하면 얼마나 가슴 벅찬 풍경인가.

나에게 녹음이 치유이고 희망인 적이 있었다. 인생에서 가장 의미 있는 것은 현재도, 미래도 아니고 자신의 과거라고 한다. 아무도 지울 수 없고 그것만의 독특한 삶이 살아 숨 쉬고 있기 때문이라고 한다. 충분히 공감이 간다.

1984년 2월 나는 세상에서 동떨어진, 고립무원의 처지에 있었다. 그 힘들고 고통스러울 때 유일한 격려와 위안은 그 숲이었다. 성신여대 뒷산의 그 숲들을 지금도 잊을 수 없다.

1981년 제23회 사법시험 2차 시험에 합격한 나는 전혀 예상치 못하게 3차 면접시험에서 탈락하였다. 바로 일 년 전에 무고한 광주시민들을 학살하고 등장한 전두환 정권이 학생시위 경력자들을 대거 탈락시켰기 때문이었다. 당시는 소문만 무성했을 뿐 그 진상은 먼 훗날 진실·화해를 위한 과거사정리위원회의 진실규명에 의해서 밝혀졌다.

그다음 해 실시된 면접에서 또다시 10여 명과 함께 탈락한 나는 회사에 입사하여 직장생활을 시작했다. 마음을 다잡고 시작한 직장생활이지만 시간이 흐르면서 너무 억울하다는 생각에 견딜 수 없었다. 3년 3개월 만에 회사에 사표를 내고 사법시험 공부를 다시 하기로 결심했다. 그때가 바로 1984년 2월이었다.

지금 생각해도 무모한 도전이었다. 학생시위 경력자를 면접에서 합격시켜준다는 보장도 없었고, 시험에 떨어지면 취업연령도 지나 재취업의 전망도 어두웠다. 거기다가 대학원에 다니던 처 외에는 고시공부를 뒷바라지 해 줄 사람도 없었다. 더 힘들었던 것은 대학 재학 때부터 3~4년 간 했던 고시공부를 다시 해야 한다는 지겨움이었다.

그때 그 모든 것을 견디게 해 준 것이 독서실에서 공부하다가 지겨워지면 올라가던 성신여대 뒷산의 숲이었다. 2월의 숲은 메마르고 황량했다. 바로 나 자신과 다를 바 없었다. 그렇지만 그 숲은 말없이 나를 감싸 안아 주었다. 그리고 그 품에 안기면 회한과 번민이 가라앉고 생기가 되살아났다. 숲 속을 한바탕 돌고 나면 미래에 대한 걱정, 현실에 대한 자괴감도 사라지고 다시 공부에 집중할 수 있었다. 새잎이 돋고 풀과 나무들이 녹색으로 물들어 가는 것은 더디고 더디었다. 그렇지만 주위의 세상은 조금씩 녹색의 세상으로 되어갔다. 지루하여 견딜 수 없을 때쯤이면 숲들도 미미하게나마 변화의 조짐을 보이곤 했다. 그렇게 하루도 빼놓지 않고 숲을 찾는 기쁨으로 지겨움을 이겨내면서 1년 반을 지냈다. 겨울과 봄, 여름과 가을, 또 다른 겨울과 봄이 지나갔다. 끝이 없는 터널이었다. 그러던 어느 날 발표된 1986년 제28회 사법시험 합격 소식은 지옥 같던 터널을 지났다는 환희의 감격을 안겨주었다. 3차 면접도 무사히 통과되었다. 그다음 해인 1987년 민주화 대투쟁의 시기에 앞서 조성된 해빙의 무드가 나를 구원해준 것일까.

녹음이 짙어지면 어김없이 찾아오는 추억이다. 기쁨보다는 아픔이 더 큰 추억이다. 그렇지만 오늘날의 내가 원망보다는 감사의 마음을 갖고 살아가게 하는 원동력이 되었다. 지금 어딘가에는 그때의 나보다 더 힘들고 고통스러운 사람들이 있을 것이다. 또다시 막막한 느낌이 든다. 그렇지만 견디어내고 이겨내야 하는 것이 인간의 숙명이 아닐까 생각해본다.

『대한변협신문』 2013. 7. 12.

전주-완주 통합 무산 이후의 숙제

　세 번째 전주·완주 통합 노력이 또다시 무산되었다. 실망이 크다. 일부에서는 질책과 분노의 목소리도 적지 않다. 그러나 돌이켜보면 그간의 전주·완주 통합 노력이 이룬 성과도 적지 않다고 생각한다.
　먼저 우리가 인정하고 존중해야 할 현실이 분명해졌다. 한편에서는 통합의 열망이 높지만 다른 한편에서는 통합의 부작용에 대한 염려도 많다는 현실을 이제 부정할 수 없게 되었다.
　또 하나의 성과는 전주·완주가 더 가까워졌다는 점이다. 갈등과 대립이라는 겉모습과는 달리, 우리의 실생활에서는 버스 요금이 단일화되었고, 전주·완주가 역사적으로 하나였다는 사실도 공유되었다.
　더 귀중한 성과는 반면교사의 교훈이다. 완주군민을 계도와 동원의 대상으로 생각하는 세몰이식의 통합추진은 더 이상 안 된다는 뼈아픈 깨달음이다.

선택은 완주군민의 몫이고 전주시민의 몫이므로 통합을 다시 추진하더라도 각 자치단체별로 자율적이고 독자적으로 추진되어야 한다는 원칙이 앞으로는 고수되어야 한다. 전주·완주 통합은 목표가 아니고 수단일 뿐이다. 시민들의 보다 더 나은 삶을 위한 도구일 뿐이다. 그런 면에서 앞으로의 통합 노력은 행정구역 개편을 앞세워서는 안 된다.

우리의 실생활에서 전주와 완주가 하나가 되어가고 그것이 완주군민과 전주시민의 삶에 도움이 된다는 사실을 확인하는 방식으로 이루어져야 한다. 그렇게 되면 멀지 않아 또는 가까운 장래에 두 개로 나누어져 있는 행정구역이 커진 몸집에 안 맞는 헌 옷처럼 되어 스스로 통합의 흐름에 순응하게 될 것이다.

그런 면에서 행정구역개편을 전제로 한 전주·완주 상생발전사업을 제외한, 나머지 상생·발전사업은 계속 추진되어야 한다. 전주시가 가진 역량을 효율적이고 집중적으로 발휘하여 완주군의 각 읍·면의 당면 과제를 해결하는 데 조력자가 되면 좋을 것이다.

일례로 10대 상생발전 사업의 하나인 전북도, 전주시 단위 공공기관, 공용시설 이전과 주택·아파트 단지 개발, 분양을 결합하여 완주군 북부 6개 읍·면의 중심지역인 고산읍에 미니신도시를 건설하는 사업에 전주시가 적극 참여하는 것도 한 방법이 아닐까 생각된다.

민원부서가 아닌 전주시의 시정발전연구소와 전라북도의 전북발전연구원 등을 이전하여 상주인구를 늘리고, 전라북도 교육청과 연계하여 혁신학교를 육성하고, 전북대학교 병원의 분원을 유치하여 의료수준을 높인다면 전주권 최고의 정주도시로 각광받을 수 있을 것이다.

거기에다가 다양한 문화 휴양시설을 겸비하고 협동조합 형태의 대형 마트를 유치한다면 충남의 일부 읍·면을 동일 생활권으로 흡수할 수도 있다.

    창의적인 사고와 진취적인 도전만이 역사를 바꾼다. 전주·완주 통합의 무산이 한 차원 높은 전주·완주 통합으로 승화되어 낙후와 침체의 전북이 성장과 번영의 전북으로 거듭나는 데 일조하기를 간절히 바란다.

『전북중앙신문』 2013. 7. 2.

왜 항소법원인가?

항소법원이 설치되어야 한다고 주장하는 사람이 늘고 있다. 작은 눈덩이가 눈 덮인 산 언덕을 굴러오면서 점점 커져 눈사태가 되듯이 작은 목소리들이 모여 광장의 함성이 되었다. 무엇 때문일까?

재판의 주인공은 국민이기 때문이다. 그 국민이 현재의 재판에 만족하지 못하고 변화를 원하기 때문이다.

재판의 주인공은 재판장이 아니다. 축구경기장의 심판이 축구시합의 주인공이 아니듯이. 물론 심판에게는 절대적인 승복을 강요하는 권위가 인정된다. 그렇지만 주인공이 아닌 것 또한 확실하다. 축구시합보다 훨씬 복잡하고 어려운 것이 재판이다.

그런데 이제 국민들이 국민의 눈높이에 맞는 재판을 요구하고 있다. 재판정의 문턱을 낮추고, 재판장의 경력과 자질을 높이고, 재판의 진행방식이 보다 부드럽고 겸허하기를 바란다. 국민주권의 헌법정신에 입각하여 말한다면, 요구가 아니라 명령이라는 표현이 더 적절할 것이다. 사법부도 사법서비스의 강화라는 말로 화답하고 있다. 그러나 국민들은 이에 만족하지 못한다. 사법개혁의 논의가 활화산처럼 폭발하고 있는 것이 그 이유다.

그러면 사법개혁의 핵심은 무엇인가? 논자마다 다르다. 그러나 쟁점은 두 가지다. 상고심의 개혁과 항소법원의 설치다. 일심법원의 강화라는 오래 묵은 숙제가 또 하나 있지만, 오래 묵은 숙제인 만큼 단기간에 해결이 쉽지 않다. 일심에서 재판을 잘하여 항소나 상고가 적어지면 항소심과 상고심의 문제가 해결된다는 주장이 일심법원 강화론이다. 그렇지만 근대사법 100년의 역사에서도 해결하지 못한 문제를 단기간에 해결하는 것은 불가능하다. 개혁의 과제라기보다는 재판제도가 존재하는 한 계속 남아 있는 숙제에 가깝다.

그렇다면 남항소와 남상고의 현실을 인정하고 항소심과 상고심이라도 국민의 편의를 보장하고 신뢰받는 재판이 가능하도록 개혁해야 한다.

상고심의 개혁은 대법관의 대폭증원과 고등법원 상고부 설치라는 두 가지 엇갈리는 의견이 격렬하게 대립하고 있는 바, 이 문제는 우리 지역과는 직접적인 관련이 없으므로 논외로 한다.

과연 항소법원이 설치된다고 항소심 문제가 해결될까? 그렇다는 것이 법률 전문가들의 일치된 견해이다. 항소법원은 현재의 이원화된 항소심 재판부를 통합하여 단일한 항소법원을 현재의 지방법원 소재지마다 설치하자는 개념이다. 그렇게 되면 항소심 법원이 현재의 고등법원 소재지보다 훨씬 많은 지역에 설치되기 때문에 항소심 재판 당사자들의 항소심 법원에의 접근성이 획기적으로 개선된다. 뿐만 아니라 세상사가 복잡하고 다양화됨에 따라 재판업무도 복잡해지고 난해해지고 있기 때문에 이에 적극적으로 대응하기 위해서는 항소심 재판부도 전문분야 별로 특화되어야 한다. 그렇지만 현재와 같이 항소심이 지방법원 항소부, 강릉지원 항소부, 고등법원, 고등법원 원외재판부 등으로 나누어지면 소속 항소심재판부도 소수로 구성될 수밖에 없다. 그에 반하여 항소법원으로 일원화되면 항소법원이 대형화되어 전문 분야별로 재판부를 구성할 수 있게 된다. 항소법원의 대형화가 항소심재판부의 전문화의 필요조건을 충족한다는 얘기다.

거기에다가 항소법원이 설치되면 고등부장 승진제도가 폐지되게 되고 그렇게 되면 고등부장 승진 누락으로 자의 반 타의 반 법원을 떠나는 경력법관이 정년까지 근무하게 되어 숙련된 판사들이 법원에 많이 남게 된다. 그러면 자연히 재판장의 경력과 자질이 높아지게 된다.

이와 같은 장점이 있기 때문에 법률 전문가들이 항소법원이 반드시 설치되어야 한다고 목소리를 높이는 것이다.

우리 전북 지역은 법조 삼성의 고향이고, 항소법원 설치운동의 깃발을 가장 먼저 든 곳이다. 또, 고등법원 전주부 설치, 2개의 로스쿨 유치로 법조문화만큼은 적극적이고 진취적인 곳이다. 도민들도 보다 적극적으로 항소법원 설치 운동에 힘을 보태어 법조문화의 선진 지역으로의 자긍심을 계속 이어가길 꿈꾼다.

『전라일보』 2010. 5. 19.

비주류 출신 대통령의 명암

이명박 대통령은 지난 30일 '대통령과의 원탁대화'에서 "많은 사람이 미국 정치를 보라는데 우리 정치도 미국 수준으로 갔으면 좋겠다."고 말했다고 한다. 이 말에는 대통령의 정치에 대한 비판적인 인식이 드러나 있다. 하지만 이러한 태도는 결코 바람직하지 않다. 대통령 자신이 정치의 아웃사이더가 아니기 때문이다. 관전자나 비평자의 입장은 더더구나 아니다. 정치가 싫어도 정치를 해야 할 자리가 대통령이다.

이처럼 정치인이 남의 일처럼 정치를 비난하는 사고와 행동의 배경은 무엇일까? 아마 뿌리 깊은 비주류 정치인으로서의 의식이 아닐까 생각된다. 그러나 국민의 입장에서 보면, 이 대통령은 주류정치인이고 그중에서도 가장 성공한 정치인이다. 국회의원으로 6년, 서울시장으로 4년을 재임했으면 정치인 중에서도 잘 나간 정치인이다.

우리는 이미 비주류 정치인이라는 피해의식에 젖어 나라를 잘못 인도

한 전직 대통령을 경험한 바 있다. 피해의식은 반목과 대립을 부추기고 비효율적이고 소모적인 전쟁만 양산할 뿐이다. 게다가 정체성과 책임감을 무디게 만든다. 민주당을 분열시킨 것이나 한나라당과의 연정주장도 이 같은 심리를 감안하지 않으면 이해하기 힘들다.

한국 정치의 미래를 위해서 이명박 대통령은 발상을 전환해야 한다. 한국 정치의 수준이 낮은 것은 긴 기간 정치를 했고, 국민으로부터 많은 사랑을 받은 정치인인 바로 나의 탓이라고, 더 나아가 임기 동안 반드시 한국정치를 미국정치의 수준으로 높이겠다고. 또 그러기 위해서는 미국 정치와 한국정치가 어떻게 다른가 하는 핵심쟁점에도 깊이 파고들어가야 한다. 출발이 같아도 문제의식이 다르면 결론은 엉뚱하게 달라질 수 있기 때문이다.

지금 우리나라에서는 남의 나라 대통령인 오바마 열풍이 불고 있다. 오바마에 대한 대중의 환호는 최초의 흑인 대통령이라는 경이로운 선거결과에서 출발하여, 경쟁후보였던 힐러리를 국무장관으로 임명하는 대통합의 자세에 대한 박수로 이어지고 있다. 능력에 따라 누구든지 발탁했던 미국의 링컨 대통령을 연상하게 한다. 공교롭게도 링컨이나 오바마는 모두 비주류 정치인이다. 오히려 이명박 대통령이나 노무현 전 대통령보다 더 비주류이다. 그러나 그들에게서 피해의식이나 책임 전가를 찾아볼 수 없다. 오히려 그들은 취임 후에는 정치를 포함한 미국 사회의 모든 문제를 자신의 책임으로 느끼고 그 해결을 위하여 전력투구했을 뿐이다. 그리고 대화와 소통, 타협과 통합의 리더십으로 미국에 희망을 주었다. 오히려 비주류 출신이기에 통합의 폭도 크고 그 효과도 강력하다.

한국정치가 미국정치와 그 수준이 비슷해지고, 더 나아가 앞서 가는 나는 일차적으로는 이명박 대통령의 행보에 달려 있다. 299명의 국회의원보다 1명의 대통령의 권한과 책임이 더 큰 곳이 대한민국이기 때문이다. 이명박 대통령이 오바마 대통령보다 더 큰 통합과 화합의 정치를 펼치길 기대해본다.

『완주신문』 2009. 2. 4.

일어서는 전북

　패배주의만큼 어리석은 생각도 없다. 애초부터 승패가 정해져 있는 일은 없기 때문이다. 물론 어떤 일을 결행할 때에는 면밀하게 성패를 검토하고, 미리 치밀한 준비를 해야 한다.

　하지만 매사를 부정적으로 보고 역부족이거나 이미 뒷거래가 이루어져 판이 짜져 있다고 지레짐작하고 불평불만이나 일삼아 허송세월하면서 진취적으로 도전하려는 사람을 비아냥거린다면 아무런 변화도, 발전도 있을 수 없다.

　최근의 일이다. 요새는 법조인도 공부를 하지 않으면 살아남기 힘들어 2주간 토요일마다 서울에서 열리는 특별법 강좌를 신청하였다. 그런데 원광대학교 법학전문대학원에서 로스쿨 지원자에 대한 면접위원을 맡아달라는 요청이 왔다.

　필자는 망설이지 않고 기꺼이 수락했다. 이미 납부한 수강료도 포기하고 면접위원이 된 것은 우리 지역 대학 두 군데에 로스쿨이 유치된 것이 얼마나 소중한 일인지 너무나 잘 알기 때문이다. 더 나아가 학생 선발을 최대한 공개적이고 투명하게 하려는 학교 측 노력에 힘을 보태 주고 싶었기 때문이다.

로스쿨 전북 유치에 대해서는 필자도 조금 인연이 있다. 2005년 전북지방변호사회 회장에 당선된 후 전국 최초로 협회 내에 로스쿨 유치위원회를 발족시켰었다. 큰 활동은 없었지만 지역사회에 로스쿨 유치에 총력을 기울여야 한다는 메시지 전달의 효과는 있었다.

그 후 사법제도 개혁을 총괄하는 사법제도개혁위원회 실무위원으로 위촉된 후 로스쿨과 관련하여 돌발사태가 발생하였다. 필자가 2005년 1월 24일자 『대한변협신문』에 쓴 「로스쿨과 지역균형발전」이라는 글이 문제가 된 것이다. 민감한 시기에 가장 민감한 문제인 로스쿨 문제를 다룬 것이 사법제도개혁위원회 실무위원으로서 공정성 시비가 제기된 것이다.

교체할 테니 다른 위원을 추천해 달라는 요구까지 있었다. 그러나 필자는 여기에서 밀리면 실무위원이 돼도 소신껏 발언할 수 없다는 생각에 '지방분권과 지역균형발전을 위해 각 도에 1개 이상의 로스쿨이 설치되어야 한다.'는 주장이 무슨 잘못이냐, 잘못됐으면 교체해라, 사임은 못한다고 우겨 유야무야 넘어간 적도 있었다.

사실 로스쿨 제도의 도입이 처음 논의될 때 전북에 2개의 로스쿨이 유치되리라고 기대하기는 어려웠다. 처음에는 총 정원을 1,200명으로 하여 고법이 설치된 5개 지역에 하나씩 설치한다는 설이 유력하게 유포되기도 하였다. 그런데 결과적으로 기대 이상의 성과를 거두었다. 이는 도전하는 사람이 있었기 때문에 가능했다. 그리고 그분들이 그동안 자신의 대학을 충실하게 키워왔기 때문에 경쟁력이 있었다.

　당시 사법시험 합격자 수를 비교하더라도 전북대학교와 원광대학교는 한강 이남에서 어느 대학에도 뒤지지 않았었다. 전북 지역의 법대 학생 수는 전국에서 서울을 제외하고는 가장 많은 편에 속했다.

　로스쿨 유치에서의 성공사례를 보더라도 이제 전북이 일어서려면, 무기력과 패배주의에 젖어 있어서는 안 된다는 것은 명백하다. 도전하여야 한다. 그리고 봄에 밭을 가는 농부의 심정으로 자신의 영역에서 최고가 되도록 전력을 다하여야 한다. 침체와 낙후의 악순환이 아니라, 성장과 도약의 선순환이 되어야 한다.

『완주신문』 2008. 12. 24.

경제위기에 대한 국정조사가 필요하다

본격적인 겨울이 다가오기 전에 경제 한파가 먼저 도래했다. 겨울의 한파는 봄이 오면 물러나지만, 이번에 다가오는 경제 한파는 2~3년간은 지속될 것으로 전문가들은 예상하고 있다.

더 우울한 이야기는 그 경제 한파가, 지방, 중소기업, 영세자영업자 등 소외계층에 더 큰 악영향을 미치고 있다는 점이다. 노동자와 농민도 예외는 아니다.

기업의 부도와 개인의 파산이 속출하고 있는 현실에 억장이 무너진다. 이 추운 계절에 막다른 골목에 이른 사람들이 느끼는 불안과 공포가 어떠할지 눈에 선하다.

서민에 대한 즉각적이고 포괄적인 구제책이 시급하다. 긴급경제 명령이라도 발동하여야 한다. 생존의 갈림길에 선 무직자, 실직자, 폐업한 자영업자에 대한 생활비와 주거비, 피복비, 학비에 대한 부조와 재활프로그램의 작동이 즉각 이루어져야 한다.

그리고 이번에는 확실하게 이와 같은 경제위기를 초래한 원인에 대한 철저한 조사와 책임자 처벌이 이루어져야 한다. 10년 전 외환위기를 초래하여 무수한 사람들을 파멸의 구렁텅이로 몰아넣었던 정부가 또다시 이러한 위기를 자초한 것을 용서할 수 없다. 용서해서도 안 된다.

지난 외환위기에 대한 책임자 처벌이 용두사미로 끝난 것이 이번 경제위기의 근본원인이기 때문이다. 책임을 엄하게 묻지 않는데 누가 책임감을 가지고 일을 하겠는가.

능력이 없는 자, 사심을 가지고 행정을 하는 자는 두 번 다시 공직을 넘보지 못하도록 책임소재를 명명백백하게 가리고 가혹할 만큼 엄하게 처벌하여야 한다. 그런다 한들 아무런 잘못이 없이 막다른 골목에 이른 사람들보다 더 억울하겠는가.

이명박 정부의 책임인지, 노무현 정부의 책임인지에 대해서는 국민들은 관심이 없다. 만일 정치권이 그와 같은 구태의연한 책임공방이나 벌인다면 이 나라는 더 이상 희망이 없다. 여야 할 것 없이 거국적으로 나서서 국정조사를 실시하여야 한다.

국정조사의 대상과 범위도 단순하다. 국정조사의 목적이 10년 전 외환위기를 당하고도 또 경제위기를 당한 사실에 대한 반성과 재발의 방지에 있기 때문이다.

참으로 부끄럽게도 이번 경제위기와 10년 전 외환위기는 너무나 흡사하다. 과도한 단기외채가 위기의 직접적인 원인이기 때문이다. 그리고 멍청하다고 손가락질을 당해도 할 말이 없을 만큼 단기외채가 누적된 것은 은행들이 단기외채 금리가 더 싸다는 이유로 무분별하게 차입하여 대출경쟁을 벌였기 때문이다.

연봉 10억대의 은행장과 임원들이 단기외채의 위험성, 환율의 위험성이라는 초보적인 리스크 관리도 못했다는 말인가. 금융당국은 그동안 어디 갔다 왔는가.

남의 나라에서 초단기 빚을 얻어다가 무한경쟁을 하며 대출해준 어마어마한 대출금은 어디로 갔는가.

아파트 값을 천정부지로 올리는 부동산투기 광풍과 묻지 마 해외투자펀드 광풍을 불러일으키다가 광풍이 사라지자 쪽박 찬 빚쟁이만 양산하였다.

이번의 경제위기와 10년 전 외환위기의 유일한 차이가 있다면 외환위기 때는 종합금융회사가 파산했다면, 이번에는 가계가 파산하고 있다는 사실뿐이다.

실패로부터 배우지 못하는 사람, 역사로부터 배우지 못하는 민족은 희망이 없다는 명귀가 생각나지 않을 수 없다. 처절한 심정이다. 그러나 살아남아야 한다는 절박함도 그에 못지않다.

여야 할 것 없이 국민에게 부끄럽고 죄송스러운 마음으로 사죄하고 경제위기에 대한 전면적인 국정조사를 실시할 것을 제안한다.

『익산소통신문』 2008. 12. 13.

항소심 법원의 전면 개편이 필요하다

　현재의 사법제도를 개선한다면 가장 시급한 것은 항소심 법원의 개편이 아닌가 생각된다. 항소심 법원은 축구와 비교한다면 미드필더와 같은 역할을 한다고 볼 수 있다. 상대편의 공격을 차단하고 자기편 공격의 실마리를 풀어가는 미드필더가 제 역할을 못하면 게임은 이길 수 없다. 마찬가지로 항소심 법원도 1심 법원과 대법원과의 사이에서 확실하게 제 역할을 해 주어야 재판의 공정성과 신속성이라는 두 마리 토끼를 잡을 수 있다.

　그러나 현재 우리나라의 경우에는 항소심 법원이 제 역할을 못하고 있다. 그 뚜렷한 증거는 엄청난 양의 상고사건이다. 그런데 살인적인 양의 상고사건은 결국 대법원의 소화불량으로 이어져 상고심의 부실을 초래한다. 대법관 1인당 1,000건이 넘는 상고사건이 철저하게 심리되어지리라고 믿는 법조인이 있다면 정말 낙천적인 사람이다. 왜냐하면 물리적으로 불가능하기 때문이다. 상고심까지 가는 동안 두꺼워질 대로 두꺼워진 사건기록을 철저하게 검토하여 대법관 1인이 1년에 1,000건 이상 상고사건을 처리한다는 것은 하느님도 할 수 없는 일을 하고 있는 것이다. 그런데 아이러니한 것은 상고심의 부실은 또다시 항소심 재판의 부실을 초래한다는 것이다. 대법원에서 철저하게 항소심 판결을 심리하지 못하게 되면서 항소심 법원의 긴장도 해이해지고 방만해지기 때문이다. 이러한 현상은 1심 법원과 항소심 법원과의 사이에서도 동일하게 되풀이된다.

그러면 이러한 현상이 왜 나타나게 되었을까? 원인은 여러 가지가 있을 수 있다. 사건의 대폭적인 증가도 중요한 원인이다. 그러나 제도적인 측면에서 볼 때에는 1960년대 5·16 군사정권이 국민의 편의를 위한다는 짧은 생각으로 실시한 지방법원 항소부 제도에서부터 문제가 시작되었다. 당시 고등법원이 서울과 대구, 광주 세 곳만 있는 상황에서 단독사건의 항소심을 분리하여 지방법원에 설치된 항소부에서 심리하도록 한 것은 일부 항소사건 당사자의 법원에의 접근성은 개선하였지만 항소심 재판의 질을 저하시켰다. 뿐만 아니라 항소심 재판의 위상과 비중에 대한 국민의 인식도 계속 낮아져 결국 사실상의 최종심으로서의 권위를 상실하였다. 상당수 지방법원의 경우 항소부는 초임 부장판사와 경력 2~3년의 판사로 구성되어 항소심 재판부로서의 숙련과 경험을 갖추지 못하고 있다. 더구나 1심 법원과 항소부가 같은 법원에 소재하여 국민에게는 1심 법원과 항소부의 차이가 크게 느껴지지 않는다.

더구나 그 사이에 우리 사회는 산업화와 민주화라는 엄청난 격동을 겪으면서 농경사회에서 후기산업사회로 바뀌었다. 그 결과 법적 분쟁의 양상과 내용도 급격하게 변화되어 법관도 고도의 숙련과 경험 없이는 정확한 판단을 하기가 어렵게 되었다. 대법원이 현재 추진하고 있는 하급심 강화 방안도 그러한 추세의 반영이다. 하지만 1심 재판의 경력 많은 판사에 의한 단독심 재판으로의 전환만으로는 소기의 성과를 거두기 힘들다. 1심 재판을 철두철미하게 재심할 수 있는 항소심 법원의 존재야 말로 1심 재판을 강화하는 지름길이다. 더 나아가 완벽에 가깝게 1심 재판의 당부를 판단하는 항소심 법원은 종국적으로 국민의 신뢰를 얻어 사실상의 최종심으로서의 권위를 확보하게 될 것이다. 그러면 상고사건도 대폭 줄어들게 되어 대법원의 부담을 줄이고 궁극적으로는 국민의 부담도 줄어들 것으로 예상된다.

그렇다면 항소심 법원 개편 방안의 핵심은 무엇인가. 그것은 1심 법원과 항소심 법원을 대법원처럼 분리시키는 일이다. 그렇게 하기 위해서는 전국에 있는 모든 지방법원 본원 소재지에 별도로 항소심 법원을 두고, 그 항소심 법원에서 종전의 항소 사건 외에 지방법원 항소부에서 처리하던 사건까지 담당하게 하여야 한다. 그리고 항소심 법원의 판사는 1심 법원 판사 중에서 별도로 승진시켜 인적 구성을 독립시켜야 한다. 이는 국가 전체적으로 볼 때 큰 경제적 부담이 생기는 일도 아니다. 현재의 고등법원을 항소심 법원으로 개편하고, 인천, 수원, 춘천, 창원, 울산에 항소심 법원을 신설하면 되는 일이다. 제주와 전주에는 이미 고등법원 지부가 있고, 청주에는 2008년 9월부터 고등법원 지부가 개원될 예정이므로 이 세 곳은 사건 규모에 따라 지부로 두거나 항소심 법원으로 개편하면 된다.

일류 국가의 가장 중요한 구성요소의 하나는 완비된 재판제도이다. 법조인에게는 더욱 효율적으로 기능하는 사법제도를 만들어 갈 책무가 있다. 이제 항소심 법원을 전면적으로 개편해야 할 시점에 우리는 서 있다.

『대한변협신문』 2006.10.31.

선진 사법부를 꿈꾼다

연이어 터진 법조 브로커 사건으로 사법 불신이 극에 달하고 있다. 거기에다가 일부 법조인의 부적절한 처신이 드러나 불에 기름을 부은 듯 민심이 들끓고 있다. '상대적으로 법조계는 깨끗한 편이다.'는 변명도 이제는 통하지 않는다.

지금은 상대적인 청렴과 자기절제가 아니라 절대적인 청렴과 자기절제가 요구되는 시대이기 때문이다. 그중에서도 모든 분쟁의 최종적인 해결자로서 국민의 재산과 인권에 지대한 영향을 미치는 사법부는 다른 어느 곳보다도 공정하고 투명해야 한다는 당위론적인 압박을 받고 있다.

그렇다면 앞으로는 어떻게 될까? 더 이상의 법조 브로커 사건이 터지거나 부적절한 처신의 법조인이 나타나지 않기를 바란다. 하지만 현실은 그렇지 않을 가능성이 더 높다. 관성이 있기 때문이다. 그러한 사건들이 어느 날 갑자기 나타난 것이 아니듯이, 아무런 이유도 없이 그러한 사건들이 갑자기 없어지지도 않을 것이다.

오히려 그러한 사건들이 더 빈번하게 일어나고, 거기에 대한 국민의 분노도 점점 더 거세져 법조계가 만신창이가 될지도 모른다는 우려도 든다. 왜냐하면 비리사건들이 최근 들어 더 자주 터지고 있기 때문이다. 원인은 여러 가지가 있다. 무엇보다도 국민의 권리의식과 비판의식이 높아지면서 각종 비리가 감춰지지 않고 드러날 확률이 높아졌다. 또 하나는 물질만능주의가 지배적인 이데올로기가 되었고 엘리트라고 해서 특별히 그러한 풍조를 극복할 교양을 익히고 인격을 도야 할 기회와 시간이 주어지지 않는다. 오히려 주입식 교육에 사로잡혀 오만과 편견만 가득할 수도 있다. 거기에다가 법조인의 수가 매년 격증하여 점점 경제적인 상황이 어려워지고 미래가 불투명해짐에 따라 직업적 자긍심과 소명의식이 희박해지고 있다.

이러한 상황에서는 무언가 혁명적인 변화가 있지 않으면 안 된다. 상황의 반전이 있어야 하고 그 반전이 혁명적이라고 생각될 만큼 극적이어야 한다. 그렇다고 무슨 획기적인 대책이 있을 수 있는 것도 아니다. 어느 곳보다도 인적, 물적 독립이 강조되어 헌법이 명문으로 사법권 독립을 인정하고 있지 않은가. 따라서 유일한 방법은 인적 쇄신이다. 사람을 바꾸자는 것이 아니라 새로운 자긍심과 소명의식으로 거듭나자는 이야기이다.

선진국으로의 진입은 우리의 꿈이다. 선진국이라는 표현이 진부할지도 모르지만 어느 특정 국가를 지칭하는 것이 아니고 물질적 풍요와 정신적 품격이 있는 사회, 개인의 인권이 철저히 보장되면서도 질서와 사회적 정의가 추상같이 지켜지는 사회에 대한 이상주의적 표현이라고 생각한다. 그런데 선진국은 선진 사법제도 없이는 도달할 수 없다.

오늘날 우리의 중진국적인 삶도 중진국적인 사법제도가 있었기에 가능하다. 내용이 충실하지는 않으나 형식적으로는 완비된 삼권분립, 비교적 공정하고 신속하게 이루어지는 재판은 국민의 재산과 인권을 대충 보장하고 그 덕에 경제가 무난히 발전해 왔다. 그러나 이제 그러한 대충주의는 한계에 도달했다. 선진사법제도가 되기 위해서는 완벽주의가 지켜지지 않으면 안 된다.

법조인이 선진국 수준으로 깨끗하고 유능하면 종국적으로는 모든 국민이 그 수준이 된다. 뿐만 아니라 경제제도를 비롯한 모든 제도도 공정하고 투명하게 운영된다. 재판의 내용이 궁극적으로 국민의 생활방식과 제도운영의 준거가 되기 때문이다. 그리고 재판의 수준이 재판관의 수준을 넘을 수는 없기 때문에 법조인 개개인의 능력과 업무자세가 중요하다.

그렇다면 선진국으로의 진입은 법조인의 손에 달린 것 아닌가. 우리야말로 대한민국을 선진국으로 만드는 원동력이라는 자긍심과 소명의식으로 법조인이 다시 한 번 재무장하여 주기를 바란다.

『대한변협신문』 2006. 8. 8.

사법개혁의 전망

오랜 세월 동안 추진되어 왔던 사법개혁의 노력이 이제는 결실을 맺을 막바지 단계에 와 있다.

그동안 우리의 사법제도는 유아 시절에 입은 옷을 성인이 되어서도 입고 있는 형상이었다. 해방 직후의 혼란과 전쟁의 와중에서 제정된 우리의 소송제도는 일제강점기의 의용법률을 대본으로 하면서 전후의 일본 법을 참고로 하였는데 당시의 우리 경제 규모나 국민의식 수준 등이 반영된 과도기적인 법이었다.

따라서 경제의 고도성장, 민주적인 정치, 인권의식의 향상으로 한국 사회가 질적으로 변화하자 이에 걸맞는 사법제도를 만들자는 논의가 끊임없이 제기되었다. 그러나 역대 정권마다 아무런 성과도 남기지 못한 채 용두사미가 되고 말았다.

다행히 현 정부 출범 후 대법원장 자문 사법개혁위원회와 그 후속 추진기구인 대통령 자문 사법제도개혁추진위원회에서 법원, 검찰, 변호사 뿐만 아니라 학계, 시민단체, 경영계, 노동계 등이 참여한 가운데 치열한 토론을 거쳐 지역의 이해관계를 넘어선 국민의 관점에서 사법제도 개혁 방안이 만들어졌다.

위 개혁안의 핵심은 국민의 사법참여제이다. 이제까지는 사법의 주체는 직업 법관이고, 국민은 재판의 대상이었다. 그러나 앞으로 이 제도가 도입되면, 비록 일부 형사재판에 한정되고, 2007년부터 2011년까지는 시범적으로 운영되지만, 평범한 시민이 형사 사건의 유·무죄 판정과 양형에 참여하게 된다. 그렇게 되면 결국 재판도 국민이 하거나 국민으로부터 권한을 위임받은 법관이 한다는 민주적 정당성이 확보된다.

두 번째 큰 변화는 국민의 사법참여제에 필연적으로 수반되는 형사재판제도의 대대적인 혁신이다. 형사재판에 현출되는 모든 증거들이 공판정에서 배심원들에게 직접 보여져야 하기 때문에 종전의 조서 중심의 재판제도는 더 이상 존립할 여지가 없다. 이와 함께 인권침해 우려가 가장 높았던 수사과정이 철저하게 피의자의 인권이 보장되도록 탈바꿈하게 된다. 그동안 수사기관이 작성하는 조서에 대한 적법절차적 통제가 부실한 가운데 재판실무는 위 조서에 과도하게 의존하여 왔기 때문에 조서재판이라고 혹평을 받아왔다. 그러나 앞으로 형사소송법 개정안이 시행되면 변호사가 입회하거나 그에 상응할 만큼 진술의 임의성과 신빙성이 인정되는 정황이 보장되지 않으면 수사기관이 작성한 조서의 증거능력이 인정되지 않는다.

세 번째의 큰 변화는 법조 일원화와 법조인 선발·양성제도의 변경이다. 대법원은 2005년 3월 21일 2006년에 5년 이상 활동한 변호사들로부터 20명의 법관을 선발하기 시작하여 2012년에는 신규임용의 50%를 5년 이상 활동한 변호사들로부터 충원하기로 확정함으로써 법조일원화는 일정에 따라 차분하게 진행되게 되었다. 그리고 그 이후에는 모든 법관이 5년 이상 변호사, 검사, 기타 영역에서 법률가로서 종사한 경험이 있는 사람 중에서 임용될 것으로 예상된다.

그리고 소위 로스쿨이라고 부르는 법학전문대학원이 새롭게 도입된다. 로스쿨이 도입되면 다양한 전공의 학부 졸업자가 법조인으로 진출함에 따라 법조인 내부구성이 다양화되어 복잡하고 다양해진 현대사회의 변화를 적극적으로 수용할 수 있게 된다.

그 밖에도 국선변호제도 개선, 인신구속제도 개선, 국군사법개혁법안, 고등법원 상고부 도입 방안 등을 비롯한 많은 법안이 정부 법안으로 국회에 제출되어 있다.

이러한 법안들이 국회를 통과하여 시행된다면 사법의 민주적 정당성이 강화되고, 수사과정에서 철저하게 인권이 보장되며, 보다 경험 있고 경쟁력 있는 법조인이 양성될 수 있을 것이다.

그런데 국회는 작년 정기국회에서는 사학법 개정 파동을 겪으면서 로스쿨 법안을 교육위원회에서 심사하지 못하였고, 올 2월 임시국회에서도 대부분의 법안에 대하여 법사위원회에서 상정조차 하지 않은 상태라고 한다. 매우 우려가 되는 상황이다. 특히 지난 김영삼 대통령과 김대중 대통령 시절에 두 차례나 사법개혁 노력이 무산된 쓰라린 아픔이 있기에 심히 걱정하지 않을 수 없다.

  국회는 사법개혁이야말로 시대가 요구하는 가장 시급한 개혁 과제임을 인식하고 사법개혁 관련 법안들을 조속히 처리해 주기를 간절히 바란다. 만일 앞으로의 정치일정, 즉 지방선거, 법사위원회 등 상임위원교체, 대통령 선거 등을 이유로 위 법안들이 무산된다면, 국민들은 결코 좌시하지 않을 것이다.

『전북도민일보』 2006. 3. 14.

국회서 낮잠자는 '사법개혁'

　오랜 세월 동안 추진되어 왔던 사법개혁의 노력이 이제는 결실을 맺을 막바지 단계에 와 있다. 그동안 우리의 사법제도는 유아 시절에 입은 옷을 성인이 되어서도 입고 있는 형상이었다. 해방 직후의 혼란과 전쟁의 와중에 제정된 우리의 소송제도는 일제강점기의 의용법률을 대본으로 하면서 전후의 일본법을 참고로 했는데 해방 당시 우리 경제 규모나 인권수준 등 여러 사정을 고려하면 과도기적인 법이었다.

　따라서 경제의 고도성장, 민주정치, 인권의식의 향상으로 한국사회가 질적으로 변화하자 이에 걸맞은 사법제도를 만들자는 논의가 끊임없이 제기되었다. 김영삼 대통령, 김대중 대통령 시절에도 사법개혁 문제가 거론됐으나 용두사미로 끝나고 말았다.

　다행히 현 정부 출범 후 대법원장 자문사법개혁위원회와 그 후속 추진기구인 사법제도개혁추진위원회(사개추위)에서 법원, 검찰, 변호사,

학계, 시민단체, 경영계, 노동계 등이 참여한 가운데 국민의 관점에서 사법제도개혁 방안이 만들어졌다. 그 내용은 사법 전반의 운영 시스템과 운영 주체의 근본적인 변화를 포괄하고 있다.

변화의 핵심은 국민의 사법참여제이다. 이제까지는 사법의 주체는 직업 법관이고, 국민은 재판의 대상이었다. 그러나 이 제도가 도입되면, 비록 우선 일부 형사재판에 한정되지만 시민이 형사 사건의 유·무죄 판정과 양형에 참여하게 된다. 직업 법관들이 재판장과 후견인의 역할을 하지만, 상전벽해라고 할 만한 일대 변화가 아닐 수 없다.

두 번째는 형사재판제도의 대대적인 혁신이다. 형사재판에 현출되는 모든 증거들이 공판정에서 배심원들에게 직접 보여져야 하기 때문에 종전의 조서 중심의 재판제도는 더 이상 존립할 여지가 없다. 우리 형사소송제도에서 공판중심주의와 직접주의가 전면적으로 실시되는 계기가 마련된 셈이다. 이와 함께 인권침해 우려가 가장 높았던 수사 과정이 철저하게 피의자 인권이 보장되도록 탈바꿈되는 것도 매우 큰 의미가 있다. 앞으로 형사소송법 개정안이 시행되면 변호사가 입회하거나 그에 상응할 만큼 임의성과 신빙성이 인정되지 않으면 수사기관이 작성한 조서의 증거 능력이 인정되지 않는다.

세 번째는 법조 일원화와 법조인 선발·양성제도의 변경이다. 대법원은 2006년에 변호사 등으로부터 20명의 법관을 선발하기 시작하여 2012년에는 신규임용의 50%를 변호사 등으로부터 충원하기로 함으로써 법조 일원화는 일정에 따라 차분하게 진행되게 되었다. 그리고 그 이후에는 모든 법관은 5년 이상 변호사, 검사, 기타 영역에서 법률가로서 종사한 경험이 있는 사람 중에서 임용될 것으로 예상된다.

소위 로스쿨이라고 부르는 법학전문대학원의 도입도 거스를 수 없는 대세다. 로스쿨이 도입되면 다양한 전공의 학부 졸업자가 법조인으로 진출함에 따라 법조인 내부 구성이 다양화된다. 또 법조인 진입에 소요되는 시간이 평균 2~3년 정도 단축됨으로써 변호사 자격 취득 후 외국에 나가 2~3년간 공부하여 국제경쟁력을 키울 수 있는 시간을 벌 수 있다. 그 외에도 로스쿨 입학에 학부성적이 가장 중요하게 영향을 미치므로 대학교육의 정상화에도 기여하게 된다.

이러한 법안들이 국회를 통과하여 시행된다면 사법의 민주적 정당성이 강화되고, 수사과정에서 철저하게 인권이 보장되며, 경험과 경쟁력 있는 법조인이 양성될 수 있을 것이다.

그런데 국회는 지난해 정기국회에서 사학법 개정 파동을 겪으면서 로스쿨 법안을 교육위원회에서 심사하지 못했고, 올 2월 임시국회에서도 대부분 법안에 대하여 법사위원회에서 상정조차 하지 않은 상태라고 한다. 우려가 되는 상황이 아닐 수 없다. 특히 지난 김영삼 대통령과 김대중 대통령 시절에 두 차례나 사법개혁 노력이 무산된 쓰라린 아픔이 있기에 걱정하지 않을 수 없다.

국회는 사법개혁이야말로 시대가 요구하는 가장 시급한 개혁 과제임을 인식하고 향후 정치 일정과 관계 없이 사법개혁 관련 법안들을 조속히 처리해 주기를 간절히 바란다.

『경향신문』 2006. 3. 13.

조무제 전 대법관이 그립다

법관 중에서도 대법관의 존재는 특별하다. 최고 법원의 판사라는 역할 이외에도 사법부의 정신적인 지주로서의 상징성을 갖고 있다. 따라서 국민들은 대법관이 무엇이 법인가를 최종적으로 선언하는 법관의 역할 이외에도 법적 정의의 추구를 위하여 세속적 욕구를 희생하는 구도자의 역할도 해 주기를 기대한다.

그러나 그분들의 퇴임 후의 행적을 보면 실망스럽다. 법률기술자로서의 풍모 이상을 보여주지 못하고 있다. 상당수의 퇴임 대법관들은 그동안의 지위와 경력을 이용하여 돈벌이에 급급해 하고 있다. 최근에 대법관을 퇴임하면서 참회의 퇴임사를 하신 분이 침이 마르기도 전에 법무법인의 대표로서 왕성한 활동을 하는 것을 보면 볼썽사납다.

미국에서 대법관을 종신제로 하는 이유가 이제야 이해가 된다. 대법관이 된 후에는 끝까지 대법관의 품격을 유지할 수 있도록 하게 하려는 고육지책이 아닐까 하는 생각이 든다. 그렇다면 우리나라도 한 번 대법관이 된 분들은 6년의 임기를 마친 후에도 특별한 하자가 없으면 계속 연임하는 불문율을 정립할 필요가 있지 않을까?

그러나 모든 문제는 제도개선만으로 해결되지 않는다. 주체의 실존적 결단이 더 중요하다. 앞으로 대법관이 되려는 분들은 국가를 위해서나 사법부를 위해서나 비상한 각오가 없으면 스스로 사양해 주었으면 좋겠다. 법적 정의를 위해서 기꺼이 자신을 순교하겠다는 의지를 가진 분들이 대법관이 되기를 희망한다. 세상이 황금만능주의의 극단으로 가면 갈수록, 사회가 부풀어 오른 풍선처럼 터지지 않으려면 지도층의 남다른 희생과 모범이 있어야 한다.

사회의 양극화가 가장 큰 화두로 떠오르고 있는 지금 법조의 어른들은 법률기술자 이상의 품격을 보여주어야 한다. 양극화는 경제적인 처방만으로 해결되지 않는다. 권력과 명예를 가진 사람들마저도 그 모든 것을 팔아 일확천금을 꿈꾸는 세태에서 무슨 수로 인간들의 무한한 탐욕을 만족시키겠는가. 권력을 가진 사람은 권력을, 명예를 가진 사람은 명예를, 지혜를 가진 사람은 지혜를, 믿음을 가진 사람은 믿음을, 그리고 부를 가진 사람은 부를, 각각 최고의 가치로 여기는 사회를 만드는 길만이 양극화를 막는 유일한 방법이다. 다양한 가치가 공존하고, 각각의 그 가치를 최고로 여기는 사람들이 자기실현을 위해서 부단히 노력하는 다극체제가 우리에게 평화를 가져다 줄 수 있다.

그렇다면 법조인이 추구해야 할 가치가 무엇인가는 자명해진다. 대법관들이 평생 재판업무에 종사하면서 첨예한 사회적 갈등과 분쟁들이 정의롭게 해결되도록 헌신해 온 점에 대해서 의문을 갖는 사람은 거의 없다. 또한 법조인들 중에서도 대법관이 재판실무와 법률이론에 가장 뛰어난 분들이라는 사실에 대해서도 모두가 공감한다. 그러나 그렇기 때문에 역설적으로 그분들이 퇴임 후 돈벌이에 급급해 하는 모습을 보이면 국민의 실망은 더 크기 마련이다. 권력과 명예를 남부럽지 않게 가졌던 분들이 부마저 거머쥐는 모습을 보이면 국민들은 절망한다. 그리고 더욱더 황금만능주의에 빠져들게 된다. 나는 돈이라도 수단과 방법을 가리지 않고 벌어야겠다는 사람들을 무슨 수로 막을 수 있는가.

그런데 다행스러운 것은 이미 이러한 점을 솔선수범하는 분이 계신다는 점이다. 신문 방송에서 청빈법관으로 수식하며 이 시대의 사표로 칭송하는 조무제 전 대법관은 35년의 법관생활을 마치고 퇴직한 후에는 고향으로 내려가 모교인 동아대학교에서 후배를 가르치고 계신다고 한다. 그분은 대법관으로 근무하는 동안에도 4급 상당의 비서관을 둘 수 있는데도 임기 내내 두지 아니하였고, 임기 중 두세 번의 해외 시찰 기회가 주어지는데도 이를 활용하지 않았으며, 경제적인 어려움 때문에 출퇴근이 불편한 용인 쪽에서 단신으로 사셨다고 한다. 대법관 취임 시 재산이 7천만 원이었던 그분인들 재물에 욕심이 없었을까. 그러나 법조인으로서 당당히 걸어야 할 길에 대한 소신이 있었기에 그러한 고도의 결벽증에 가까운 절제와 희생이 가능했을 것이다. 본인과 그 가족들의 삶은 얼마나 힘들고 고달플까. 아마 가장 힘든 것은 예외로서, 또는 국외자로서의 소외감일지도 모른다. 하지만 그분의 솔선수범은 법조인을 비롯한 수많은 사람들의 영혼을 정화시키고 거칠어진 심성을 순화시켰다.

조무제 전 대법관이 그립다. 범부로서 세상사에 찌든 필자가 대법원만은 조무제 전 대법관 같은 분들로 꽉 찼으면 하는 희망을 갖는 것은 너무 속이 뻔한 이기심일까?

『대한변협신문』 2006. 2. 21.

박남준 시인에게 보내는 답장

　며칠 전 홍지서림에 들렀다가 그대의 신작 시집 『적막』을 발견하고 오랜 친구로부터 온 반가운 편지를 받은 듯 마음에 설렘이 가득하였소. 지난 12월 전주흥사단 금요강좌에 초청해 놓고 정작 나는 몸이 좋지 않아 참석하지 못하여 상면하지도 못하고 강의도 듣지 못한 아쉬움이 있었기에 반가움은 더 컸지. 망설이지 않고 시집을 집어든 나는 카운터에 계산을 하고 가지고 나와 집에 도착하자마자 정신없이 읽었네. 영혼이 흔들리는 듯한 격렬한 감흥이 지나가고, 인간과 모든 생명 있는 것들에 대한 연민과 애잔함이 쓸쓸함과 함께 물결치며 내 마음에 끝없이 파문을 일으켰네.

　일면식도 없는 그대와 내가 이처럼 시를 통하여 정서적 일체감을 가질 수 있다는 것이 예술의 위대함이 아니겠는가. 아니, 오히려 위대한 시인의 덕분이라고 하는 것이 정확한 표현이 되겠네.

그대의 문명을 처음 들었을 때의 부끄러움과 그대의 시집『다만 흘러가는 것들을 듣는다』를 처음 읽었을 때의 감흥을 지금도 잊지 못하네.

4~5년 전 나의 사법연수원 동기인, 충주에서 활동하고 있던 노순일 변호사로부터 전주에 갈 일이 있는데 박남준 시인을 꼭 한 번 만나게 해 달라는 간곡한 부탁을 받고 수소문하면서 그대의 이름을 처음 들었지. 누구길래 라는 호기심과 함께 같은 지역에 살면서 알지 못하고 있었다는 사실에 부끄러움을 느꼈네. 그래서 시중에 나와 있는 그대의 시집을 모두 사서 읽었지. 그대의 시집『다만 흘러가는 것들을 듣는다』를 읽으면서 막다른 골목에까지 간 듯한 절망, 천 길 낭떠러지에 서 있는 듯한 낭패감, 깊은 바다의 심연에 꼼짝없이 갇혀 있는 듯한 고독과 고립이 너무나 생생하고 절실하게 느껴졌네. 그런데 그때 기적이 일어났지. 마술처럼 내 마음이 편안해지는 거야. 그리고 내 마음 깊은 곳에서부터 무언가 알 수 없는 힘이 생기는 것을 느꼈네. 삶이 아무리 힘들고 고통스러워도 누군가와 정서적 공감이 된다면 위안이 되고 격려가 된다는 소중한 사실을 깨달았지.

그때부터 지금까지 나는 그대를 당나라의 위대한 시인 두보에 버금가는 시인이라고 생각하고 있네. 뿌리째 뽑혀 부초처럼 살아가는 사람들의 애환, 인간의 삶이 가지는 근원적인 비애가 그처럼 처절하게 표현되는 것을 두보 이래 본 적이 없다는 것은 나의 과문 탓일지도 모르지. 하지만 시의 본질적 요소인 운율에 있어서도 그대의 격정적이면서도 감칠맛 나는 호흡은 당대의 어느 누구도 따라올 수 없는 매력이네.

신작『적막』에서는 오랫동안 병석에 누워 있던 환자가 병색을 툭툭 털고 일어나는 듯한 경쾌함이 느껴지네. 경쾌함이 앞으로 경박함이 될지 오랜 세월을 이겨낸 장인의 원숙함이 될지 모르겠네.

다만 오랜 세월을 보내면서 얻은 경험에 의하면, 내일은 알 수 없지만, 내일을 맞이하는 사람을 보면 그 사람의 내일은 알 수 있네. 그대를 믿네. '기다려온 것들은 모여서 꽃을 피우는 것일까 견딜 수 없는 그리움들이 밀려가 쌓이는 곳 한때 나는 사랑을 잃고 쓰러진 별들이 떨어져 섬이 되었다 여겼지 제 몸속의 불덩이를 식히려고 별들은 절명처럼 바다에 몸을 던진 것이라 여겼지…'(「그 섬, 오름 속에 일어선다」)라는 절창을 부르는 그대 아닌가.

그리고 그대가 더 위대한 시인이 되기를 바라네. '굽이굽이 한걸음 또 한 걸음 넘고 넘어 나가네 사람이 사는 마을에서 사람을 만나고 새들이 사는 숲에 들면 새들의 노래를 듣겠네 참회의 마음으로 걸어가네 병든 들녘, 신음하는 산천 껴안으며 깊이 고개 숙이고 가네…'(「생명평화 탁발순례의 길」)라는 그대의 시처럼.

『전북도민일보』 2006. 1. 18.

세 번의 기도, 한 번의 절망

또 한 해가 간다. 만으로 해도 50세가 되는 해라 그런지 지난 50년의 일들이 주마등처럼 스쳐 지나간다. 10년이면 강산이 변한다고 하더니 지난일들을 돌아보면 참으로 우여곡절이 많았다.

식민지 폭정과 6·25전쟁을 경험한 전 세대가 보았을 때에는 행복에 겨운 소리라 할지 모르겠다. 그러나 산업화와 민주화의 압축성장 시대를 지나면서 겪은 혼란과 갈등도 개인들에게는 너무 힘에 겨웠다.

혼돈의 시대 갖가지 경험

그런데 크고 작은 우여곡절을 겪으면서 절박한 상황에 이르면 누구나 저절로 기도하지 않을 수 없게 된다. 특정한 종교를 믿지 않는 필자도 극한상황에서 절박한 심정으로 간절하게 기도한 적이 세 번이었다.

한 번은 77년도 가을이었다. 삼성그룹이 성균관대학교를 운영할 당시 학교 전체를 수원캠퍼스로 이전하려는 재단의 무리한 시도를 반대하는 학생시위의 주동자로 나섰다가 설악산에서 도피생활을 하던 시절이었다. 앞으로 붙잡히면 구속되고 학교에서는 제적을 당해 강제 징집이 예상되는 상황에서 앞 일이 막막하였다.

그때 설악산 봉정암에서 간절히 기도하였다. '학교에 다닐 수 있도록 해달라고', 그 후 모든 것을 포기하고 서울로 되돌아가던 중 휴게소에서 '삼성그룹이 성균관대학교 운영을 포기하였다.'는 거짓말 같은 신문기사를 보았다. 학교로 되돌아가 정리집회를 끝낸 후 동대문경찰서에 연행된 필자는 훈방되었고, 학교에서는 제적처분을 받았다가 다시 무기정학으로 감경되어 학교에 다닐 수 있게 되었다. 기도가 통한 셈이다. 그리고 그 배경은 그 시대에는 그래도 최소한의 양식은 유지되고 있었기 때문이라고 생각한다.

또 한 번은 82년도 가을이었다. 학교에 계속 다닐 수 있게 된 필자는 81년도에 제 23회 사법시험에 합격했었다. 그런데 광주학살을 통해 집권한 전두환 정권은 학생시위 경력자라는 이유로 필자를 3차 면접시험에서 탈락시켰다. 다음 해 가을 다시 3차 면접시험만 보게 되었을 때 간절히 기도했었다. '시험만 합격시켜 달라'고. 그러나 또 탈락이었다. 정치 깡패들이 집권한 사회에서는 최소한의 양식도 지켜지지 않았다. 정말 절망적인 상황이었다.

쓰디쓴 고통이 값진 교훈

직장생활을 하다가 다시 공부하여 제28회 사법시험에 합격할 때까지 힘들고 고통스러웠다. 하지만 약이 되기도 하였다고 위안한다. 세상이 자기 뜻대로만 되는 것은 아니다라는 값진 교훈을 얻었으니까.

올 3월에도 병실에서 간절하게 기도하였다 6~7년 전에 수술한 한쪽 눈의 병이 재발되어 실명의 위기에 처했기 때문이다. 다행히 5시간 심혈을 기울여 수술을 해준 의사 선생님 덕분에 완쾌되었다.

적지 않은 세월 50년을 돌이켜보면서 느끼는 가장 큰 감회는, 개인에게는 그가 어떤 사회에 살고 있느냐가 너무나도 중요하다는 점이다. 최소한의 양식이 지켜지는 사회는 공기나 물만큼 개인에게 소중하다. 그리고 의사든 변호사든 모든 직업의 종사자가 최선을 다하는 사회가 된다면 개인은 한결 살기가 좋아진다.

며칠 남지 않은 2005년의 마지막 날들은 이 사회를 이만큼이라도 살만하게 만든 모든 사람들에게 감사하면서 보내고 싶다.

『전북도민일보』 2005. 12. 21.

변호사란 무엇인가

　몇 달 전 미국에 출장을 갔다 온 후배 변호사가 대뜸 나에게 이렇게 물어왔다. "회장님, 미국에서 가장 성공한 변호사가 어떤 변호사인지 아십니까?", "글쎄."라고 답하는 나에게 그는 "40대에 은퇴한 변호사입니다."라고 정답을 말해 주었다. 재미있는 유머였다.
　그런데 또 하나의 자그마한 사건이 겹치자 그 유머는 나에게 '변호사란 무엇인가' 라는 의문을 갖게 만들었다. 변호사 직업의 정체성에 혼란이 생긴 것이다. 50대에 접어드는 나이 탓이 크다. 사춘기 소녀처럼 최근에 들어 부쩍 아무것도 아닌 일에 온갖 과대망상의 해석을 덧붙이는 나는 집에서도 문제아로 낙인찍히고 있다.
　심약해진 나를 비틀거리게 만든 사건은 말하기도 부끄러울 만큼 사소한 일이었다. 그것은 현직에서 갓 나와 수도권에서 개업한 후배 변호사가 야심만만하게 던진 한 마디 말이었다. "선배님, 어떻게 십 년 이상 변호사를 하셨습니까? 저는 딱 한 5년만 하고 다른 일을 해야겠습니다."
가뜩이나 어려워진 변호사들의 처지를 적나라하게 표현한 이야기였다.

그러나 한편으로는 '변호사란 돈 버는 직업 이상의 의미는 없는가?'라는 생각이 들었다. 수단과 방법을 가리지 않고 노력하면 한 밑천 챙길 수 있는 직업, 안 해도 먹고살 만하면 뒤도 바라보기 싫은 직업이 변호사라면 너무 서글프지 않은가. 영악하지 못해 한 밑천 챙기지 못하고, 평생 법정을 들락거려야 하는 대다수의 변호사들은 낙오자란 말인가.

개업 초에 극심한 스트레스에 시달린 적이 있었다. 교도소에 접견을 가면 언제 나가게 되느냐는 구속된 피고인들의 성화에 머리가 지끈거렸다. 선고기일에는 선고 결과에 가슴이 졸여 사무실에 앉아 있질 못했다. 진퇴양난이었다. 그러던 어느 날 '이 모든 것이 의뢰인들과 동고동락하는 것 아니냐, 나 아니면 누구에게 호소하겠는가.'라는 생각이 들면서 마음이 편안해졌다.

자유민주주의와 시장경제를 지키는 일이 결코 먼 곳에 있는 일은 아니다. 열심히 일해서 모은 재산을 보호해 주는 데서부터 시작되는 것 아닌가. 재산을 보호해 주기 위해서는 우선적으로 신체의 자유를 지켜주어야 하는 것 또한 영국의 시민혁명 이후 자명한 진리로 자리 잡지 않았는가.

그렇다면 변호사야말로 민주주의와 시장경제를 지키는 전사이다. 국가의 최고 규범인 헌법이 보장하는 국민의 변호인의 조력을 받을 권리는 변호사의 이러한 역할을 명문화한 것이다. 국민의 법관에 의한 재판을 받을 권리는 변호사의 주 활동무대인 법정을 구성하는 핵심요소이다.

또한 헌법은 누구든지 변호인의 조력을 받을 권리가 있음을 고지받지 아니하고는 체포 또는 구속을 당하지 않는다고 규정하고 있다. 신체의 자유를 지키는 수호자로서의 변호사의 책임이 전제되어 있는 규정이다. 문제는 이러한 막중한 역할과 책임이 주어진 변호사에게 국가는 한 푼의 지원도 하지 않는다는 사실이다. 완전히 시장경제에 맡겨져 있는 변호사는 힘들고 고달플 수밖에 없다. 시장은 얼마나 냉혹한가. 권력을 가진 경찰? 검찰과 맞서야 하는 긴장감은 또 어떠한가. 변호사 업무로부터 도피하고 싶은 심정 충분히 이해가 된다. 그러나 비록 힘들고 고달프지만 국민의 인권을 지키고 사회정의를 실현하는 전선에서 한 치의 물러섬도 없어야 하지 않을까? 이렇게 과대망상이 심해지면 한국판 돈키호테가 되는 것 아닌지 모르겠다.

『전북도민일보』 2005. 11. 22.

새 사법부 수장에 거는 기대

 새로운 사법부 수장으로 이용훈 전 대법관이 내정되었다. 앞으로 국회에서 진행할 인사 청문회와 국회의 동의 절차가 남아 있기는 하지만 이변은 없을 것으로 예상된다. 대한변호사협회와 시민단체에서 동시에 추진한 분들 중의 한 분이어서 특별히 이의를 제기할 집단도 없다.
 참으로 행복하게 시작하는 셈이다. 그러나 근래에 재임했던 역대 대법원장들과 비교해보면 신임 대법원장이 가장 힘들고 어려운 역할과 과제를 맡으신 것이 아닌가 생각된다. 그만큼 신임 대법원장에게 거는 기대도 크고 본인의 어깨에 주어진 짐도 무겁다.
 무엇이 어렵고 힘든가. 무엇보다도 국민들의 마음인 민심이 표류하고 있기 때문이다. 위로는 대통령부터, 밑으로는 평범한 시민들까지 변화와 개혁을 해야 한다는 조바심은 있지만 어디로 가야 할 것인지에 대하여는 확고한 좌표 설정이 되어 있지 못하다. 그러다 보니 본말이 전도되는 경우도 다반사이고, 인류의 보편적 가치마저도 쉽게 짓밟히고 있다. 한마디로 말하면 인륜이 땅에 떨어지고 사회의 기본질서마저 흔들리고 있는 형국이다.

예를 들면 엄연히 현행법이 금지하고 있고 도덕적으로 있을 수 없는 일임에도, 불법 도청된 테이프 내용을 공개하라고 시민단체들이 주장하는 것을 들으면 기가 막힐 따름이다. 또 하나, 소위 공영방송이라고 하는 방송사 노조들의 경우 주인이 없는 조직의 특성상 아무도 통제할 수 없는 상황에서 인사문제를 비롯한 경영상의 문제에 주도적인 영향력을 행사하고, 편파적인 방송을 서슴지 않는 현 상황을 분노하지 않을 수 있는가.

이러한 상황에서 사법부의 역할은 국가의 운명을 좌우할 만큼 중차대하다. 사법부마저 표류한다면 이 나라는 끝이다. 대통령과 국회가 표류하는 민심에 좌우될 수밖에 없는 상황에서 정의를 지킬 수 있는 기관은 사법부밖에 없다. 특종만 할 수 있다면 무슨 짓이든 하는 언론을 믿을 수 있는가, 아니면 이미 중립성과 공정성을 상당 부분 상실한 시민단체를 믿을 수 있는가.

우리가 그동안 힘들게 쌓아온 산업화와 민주화의 소중한 성과는 훼손되어서는 안 된다. 하지만 그에 대한 위협 요소는 너무나 많다. 한 번의 선거에서 이겼다고 하여 정치판 자체를 재편하고 항구적인 우위체제를 확보하려는 정치권의 시도는 민주주의를 위협한다. 공룡처럼 거대해져 거액의 촌지를 뿌리며 권력과 언론을 사실상 지배하려고 하는 재벌들도 법치주의를 말한다. 노동귀족화되어 회사의 약점을 잡아 온갖 이권에 개입하는 노조 역시 비능률과 부패로 국가 경쟁력의 발목을 잡고 중소기업과 비정규직을 벼랑끝에 내모는 데 방조하고 있다. 학계, 법조계, 시민단체, 직능단체들은 여당, 야당 또는 보수, 진보로 편이 갈라져 한쪽 편 드는 데 정신이 없다. 이러한 와중에서 국민들은 누구의 장단에 춤을 추어야 하는지 혼란스럽기 그지 없다.

다행히 현대 국가에서는 이러한 모든 갈등과 분쟁이 종국적으로 재판의 형태로 사법부의 최종 판단을 받게 된다. 새로운 수장을 맞이하는 사법부가 흔들림 없이 인간의 존엄과 기본적 인권의 옹호라고 하는 인류의 보편적 가치를 수호하고, 민주주의와 법치주의, 그리고 시장경제라는 핵심적인 제도를 발전시켜 갈 것을 기대한다. 더 나아가 창조적인 법해석으로 사회 양극화의 갈등을 해소하고 국민통합적인 가치를 제시해 주기를 간절히 소망한다.

『전북도민일보』 2005. 8. 30.

도청보다 더 나쁜 것은?

　MBC가 안기부 비밀도청팀이 지난 1997년 당시 정계와 재계, 언론계 등을 무차별적으로 도청한 테이프를 공개한 사건의 진행과정과 그 파장, 이에 대한 국민의 반응을 보면 참으로 실망스럽다. 하나의 국가에서 이루어지고 있는 현상이라고 볼 수 있는지 부끄럽기 그지없다.
　국민의 신성한 알 권리가 국민의 천박한 호기심을 채우는 권리인가. 차라리 더 솔직하게 이야기하라. 도청테이프 공개는 시청률을 올리기 위한 올인이라고. 그리고 국민의 알 권리는 선정적이고 상업주의적인 언론의 도피처라고.
　일련의 과정을 보면 무엇 하나 정상적인 것이 없다. 당연히 있어야 할 도청에 대한 하늘을 찌를 듯한 분노는 없고 피도청자들의 대화 내용에 대한 분개만 있다. 그 당연한 귀결로 도청자들과 그들을 사주한 책임자들, 도청테이프를 빌미로 협박 공갈하고 자기들 뜻대로 되지 않자 이를 유포한 자들에 대한 처벌요구의 목소리는 작고, 테이프 대화 내용의 공개수사를 요구하는 목소리는 높다.

도청을 당한 사람들은 피해자이다. 도청된 이들의 대화 내용을 수사하라는 것은 도청에 대한 도덕적 불감증에 걸린 사람들이나 할 수 있는 이야기이다. 문제는 국민의 다수가 이 주장에 부화뇌동하고 있다는 점이다. 선진국에서는 가당치도 않은 일이다. 선진국에서는 불법하게 수집된 증거는 증거능력조차 인정하지 않는다. 그러한 증거의 증거능력을 인정하지 않은 가장 큰 이유는 불법수사를 막기 위한 것이다. 불법하게 수집된 증거의 증거능력을 인정하는 한 불법수사의 유혹은 사라지지 않는다.

그런데 국가기관에 의하여 전 국민을 상대로 무차별적으로 이루어진 도청으로 녹취된 대화 내용이 사실인지 수사하라고 시민단체들이 떠들고, 언론은 확성기로 중계하고, 국민들은 장단을 맞추는 2005년의 대한민국은 어떤 나라인가. 국가인 것은 맞는가. 도청한 대화 내용에서 드러난 사실을 조사하는 것은 결국 도청의 정당성을 인정하는 것이다. 더 나아가 상이라도 주어야 하지 않을까? 국민들이 그렇게 알고 싶어하는 것을 알게 해주었으니까.

도청으로 녹취된 대화 내용을 수사하라고 주장하는 사람들은 도청을 처벌하고 동시에 도청된 대화에서 드러난 범법사실을 수사하라는 자기들의 주장이 얼마나 자가당착적인 주장인지 다시 한 번 생각해보길 바란다.

국가기관에 의한 무차별한 도청은 절대 용서해서는 안 되는, 국가의 기강을 근저에서 흔들고 인륜을 저버리는 중대한 범죄이다. 도청이 일상화된다면, 사생활의 보호도, 인권도 존재할 수 없으며 민주주의와 법치주의도 파괴될 수밖에 없다. 따라서 이번 도청사건의 연루자들을 법이 허용하는 범위 내에서 최대한 엄벌을 하여야 한다. 그리하여 다시는 이 땅에서 도청이 발을 붙이지 못하게 하여야 한다. 시민단체와 언론, 그리고 국민이 힘을 합쳐서 해야 할 일은 바로 그 일이다. 그러기 위해서는 무엇보다 용납할 수 없는 방식으로 수집된, 피도청자들의 대화 내용이 무엇인지 전혀 관심을 두지 않는 성숙함과 엄정함을 보여주어야 한다. 그리고 도청자들과 그들을 사주한 책임자들, 도청테이프를 빌미로 협박 공갈하고 자기들 뜻대로 되지 않자 이를 유포한 자들을 결코 용서하지 않겠다는 단호한 의지를 보여주어야 한다.

이제 국민들이 중요한 시험대에 올라와 있다. 선진국의 국민이 될 자격이 있는지, 영원히 미개국가의 국민으로 남아 있을지, 가슴 졸이며 지켜볼 뿐이다.

『전북도민일보』 2005. 8. 4.

도민과 함께하는 소리축제

2005년 전주세계소리축제가 26일 전야제를 시작으로 10월 3일까지 화려하게 펼쳐진다. 5회째를 맞이하는 소리축제는 시행착오를 거듭한 끝에 이제 나름대로의 정체성을 찾아가고 있다. 국악인으로서 널리 알려진 안숙선 명창이 조직위원장을 맡은 사실에서도 상징적으로 보여주듯이, 한국 전통의 판소리를 중심으로 하여 현대와 근대를 아우르고, 동양과 서양을 포용하는 세계인의 소리축제로서, 자리 잡아가고 있다.

그동안 많은 질책과 비판도 있었다. 소리가 없는 소리축제, 세계가 없는 지방 안방잔치라는 혹평도 받았지만 한 해, 두 해 거듭하면서 축제의 내용이 충실해져가고 있다. 시작이 없었다면 이만큼의 성장이 있었을까? 그동안 마음 고생한 관계자들의 노고를 치하하고 싶다. 그리고 꾸준히 참여해주고 있는 마니아들에게 박수를 보내고 싶다.

지금부터는 도민들의 차례다. 축제에의 참여가 의무와 책임이 아니라, 전북도민들만의 특권이고 즐거움이라는 발상의 전환이 필요한 시점이다. 일주일만 투자한다면 세계의 소리를 만끽할 수 있는 전북도민들은 얼마나 행복한 사람들인가. 반대로 축제가 벌어지고 있는 사실조차 모른 채 한 해를 보내는 사람들의 삶은 얼마나 각박하고 삭막한가. 최소한 다음 세대인 자녀들을 위해서라도 하루쯤 자녀와 함께 축제에 참여하기를 권하고 싶다. 예술이 함께하는 인생을 아이에게 가르쳐주는 것은 행복한 인생을 사는 지름길을 가르쳐 주는 것이다. 예술은 우리의 생활을 윤택하게 해주고 자신의 삶을 되돌아보는 기회를 만들어준다. 뿐만 아니라 우리의 삶에 부정적인 영향을 미치는 폭력성과 탐욕성, 쾌락주의를 정화해주는 기능도 한다.

소리축제에 참여하는 문제는 돈의 여유의 문제가 아니라, 마음의 여유의 문제이다. 비교적 입장료가 저렴할 뿐더러 무료공연 중에서도 내용이 알찬 공연들이 많기 때문이다. 무료 공연 중에서는 한국소리문화의전당 놀이마당에서 오후 4시에 벌어지는 무형문화재 초청공연이나 오후 7시 반에 벌어지는 프린지 페스티벌이 짭짤하다. 일요일 오후 8시에 한국소리문화의전당 야외공연장에서 벌어지는 희희낙rock 공연도 무료이다. 아이들과 함께 가볍게 산책하는 마음으로 들러보는 것은 어떨까? 가을밤 신선한 바람만으로도 기분 좋은 날씨도 금상첨화다.

매일 한국소리문화의전당 명인홀에서 개최되는 오후 2시부터의 판소리 명창명, 오후 6시의 완창판소리 다섯바탕은 이번 축제의 백미다. 전주한옥생활체험관에서 개최되는 5명창의 고음반 감상 및 복원연주도 판소리 마니아에게는 흔치 않은 기회가 될 것이다. 9월 28일부터 9월 30일까지 한국소리문화의전당 연지홀에서 벌어지는 아시아의 음악공연도 음악의 지평을 높일 수 있는 기회다. 전주 전통문화센터 한벽극장에서 진행되는 전국대학 창극축제도 대학생들에게는 동시대의 젊은이들이 함께 문화와 예술을 공유하는 소중한 기회가 될 것이다. 마지막으로 이번 축제의 메인 프로그램으로 한국소리문화의전당 모악당에서 매일 저녁 7시에 펼쳐지는 공연들의 성공 여부가 가장 큰 관심거리이다. 객석마다 만석이 되어 소리에 흠뻑 빠진 전북이라는 찬사를 듣기를 기대한다. 더 나아가 판소리를 비롯한 우리의 소리음악을 세계에 널리 알리고 외국 음악과의 교류를 통하여 우리의 음악이 더욱 성숙해지기를 바란다.

그렇게 된다면 전주 세계소리축제는 누구나 즐거운 마음으로 참여하고 참여 속에서 기쁨을 느끼고 삶에 신선한 자극을 받는 세계인의 축제가 될 것이다. 설렘으로 내년을 기다리는 사람들이 많은 축제가 되기를 소망한다.

『전북도민일보』 2005. 9. 27.

노무현과 세대교체론

올 6월 지방선거와 12월 대통령선거에서 세대교체론이 얼마나 큰 위력을 발휘할지 주목된다. 세대교체론이 지난 97년 대선에서의 '정권교체론'과 같은 비중의 話頭 역할을 하지는 못할 것은 분명하다. 그러나 1970년대의 40대 기수론과 같은 위력은 발휘할 수 있지 않을까 전망하는 사람도 많다.

세대교체론은 우선 깃털처럼 가벼워서 좋다. 혁명이나 개혁과 같은 용어에 비하면 얼마나 경쾌한가. 또한 세대교체론은 솜사탕처럼 달콤하다. 봄날 같은 젊음이 느껴지지 않는가.

활력 있는 신진대사, 부푼 꿈

그렇지만 그 안에는 녹록지 않은 의미가 담겨져 있다. 모든 살아 있는 생명체에는 활발한 신진대사가 가장 중요하다. 사람들의 모임인 사회 역시 마찬가지이다. 고인 물은 썩는다는 속담이 있는 걸 보면 무기물인 물에도 신진대사가 중요한가 보다. 신진대사가 어려워지면 활력을 잃고, 불가능해지면 죽음에 이르게 된다.

지금 세대교체론이 각광을 받고 있다는 것은 그만큼 우리 사회의 시스템에서 전입과 퇴출이라는 신진대사가 어려워지고 있다는 반증이다. 그리고 그 결과 사회가 활력을 잃어가고 있다는 반증이다. 결국 세대교체론은 사회의 활력을 되찾기 위한 처방전인 셈이다.

그러나 세대교체론이 사회발전에 도움이 되기 위해서는 前提가 필요하다. 신세대가 구악을 청산할 실력과 비전을 가진 대안 세력의 자격을 갖추고 있어야 한다는 점이다. 광고 카피 수준의 현란함만으로는 결코 성공할 수 없다.

우리는 지난 97년의 대통령선거에서 53년 만에 정권교체를 이루어냈다. 그러나 정권교체를 위해서 야당을 지켜야 한다는 명분으로 미화되고 용인되어 왔던 1인 지배체제와 지역주의, 공천헌금 등 온갖 탈법적 행태를 청산하지는 못했다. 각종 게이트가 꼬리에 꼬리를 물고 일어나 더 이상 손으로 꼽기도 어려운 참담한 현실은 이를 잘 보여주고 있다.

따라서 세대교체론자들은 구태정치를 청산하는 새로운 정치, 구체적인 정책 논쟁을 핵심으로 하는 정책정당, 상향식 공천을 골간으로 하는 시스템의 완비를 실현할 수 있다는 신뢰를 먼저 국민들에게 보여주어야 한다. 그리고 그 신뢰는 화려한 수사가 아니라 확고부동한 실천을 통해서만 얻을 수 있다.

기대에 못 미치는 최근 행보

그런데 노무현 민주당 대통령 후보의 최근 행보는 새로움을 전혀 보여주지 못하고 있다. 1인 지배 체제의 덕목인 의리라는 패거리의식에서 벗어나지 못하여 부패정권과의 결연한 절연에 머뭇거리고 있다. 또한 이미 청산되었어야 할 김영삼 전 대통령 비호세력에 아부하여 부산·경남의 지지를 구걸하는 행태에서는 지역주의의 재판을 보는 듯하다. 더 나아가 부산시장을 추대하고, 대구시장과 경북도지사를 물색하는 태도는 현재 진행 중인 국민경선제나 대의원회를 무시하고 과거의 낙점 시대로 되돌아가려고 하는 것 아닌가 하는 착각마저 일으킨다.

새로움이 없는 세대교체론, 이것도 새로운 정치실험일까?

『전북일보』 2005. 5. 20.

시대정신으로 본 사법개혁

사법개혁의 강풍이 불고 있다. 말이 사법개혁이지 그 내용을 찬찬히 들여다보면 개혁이라는 말보다는 혁명이라는 말이 어울릴 정도로 사법 전반의 운영시스템과 운영주체의 근본적인 변화를 지향하고 있다.

가장 큰 변화의 핵심은 국민의 사법참여제이다. 이제까지는 사법의 주체는 직업법관이고, 국민은 재판의 대상이었다. 그러나 앞으로 이 제도가 도입되면, 비록 일부 형사재판에 한정되고, 2007년부터 2011년까지는 시범적으로 운영되지만, 평범한 시민이 형사 사건의 유·무죄 판정과 양형에 참여하게 된다. 그렇게 되면 국민이 재판의 객체에서 재판의 주체와 객체의 양면적 지위로 일대 변신을 하게 된다. 직업법관들이 재판장과 후견인의 역할을 하지만, 상전벽해라고 할 만한 일대 변화가 아닐 수 없다.

두 번째 큰 변화는 국민의 사법참여제에 필연적으로 수반되는 형사재판제도의 대대적인 혁신이다. 형사재판에 현출되는 모든 증거들이 공판정에서 배심원들에게 직접 보여져야 하기 때문에 종전의 조서 중심의 재판제도는 더 이상 존립할 여지가 없다. 우리 형사소송제도에서 공판중심주의와 직접주의가 전면적으로 실시되는 계기가 마련된 셈이다. 그동안 인권침해 우려가 가장 높았던 수사과정이 철저하게 피의자의 인권이 보장되도록 탈바꿈되는 것도 매우 큰 의미가 있다. 최근에 첨예하게 논란이 되고 있는 피고인과 참고인에 대한 진술조서의 증거능력, 공판정에서의 피고인 신문의 허용 여부 등이 핵심쟁점이 되는 이유도 거기에 있다.

세 번째의 큰 변화는 법조 일원화와 법조인 선발·양성제도의 변경이다. 향후 모든 법관은 5년 이상 변호사, 검사, 기타 영역에서 법률가로서 종사한 경험이 있는 사람 중에서 임용될 예정이다. 대법원은 지난 2006년에 변호사 등으로부터 20명의 법관을 선발하기 시작하여 2012년에는 신규임용의 50%를 변호사 등으로부터 충원하기로 확정함으로써 법조일원화는 일정에 따라 차분하게 진행되게 되었다.

소위 로스쿨로 불리는 법학전문대학원의 도입도 거스를 수 없는 대세다. 로스쿨이 도입되면 다양한 전공의 학부 졸업자가 법조인으로 진출함에 따라 법조인 내부구성이 다양화된다. 또 법조인 진입에 소요되는 시간이 평균 2~3년 정도 단축됨으로써 변호사 자격 취득 후 외국에 나가 2~3년간 공부하여 국제경쟁력을 키울 수 있는 시간을 벌 수 있다. 그 외에도 로스쿨 입학에 학부성적이 가장 중요하게 영향을 미치므로 대학교육의 정상화에도 기여하게 된다. 그렇다면 왜 우리가 이 시점에서 사법개혁을 해야 하는가의 이유는 자명해지지 않았나 싶다. 사법의 민주적 정당성이 강화되고, 수사과정에서 철저하게 인권이 보장되며, 보다 경험 있고 경쟁력 있는 법조인이 양성된다면 이보다 더 좋을 수 있을까?

물론 걱정이 없지는 않다. 평균 5년 이상 법과대학과 사법연수원에서 받았던 법률교육이 로스쿨 법률교육 3년으로 대체될 수 있을까? 인권도 좋지만 범죄자로부터 사회보호는 더 중요한 것 아닌가? 인맥과 정실에 약한 한국인이 배심원으로서 공정하게 잘 판단할까?

항상 변화와 개혁 앞에는 걱정과 두려움이 앞선다. 그러나 근대 사법 110년의 역사는 이제 우리에게 당당히 선진사법제도를 만들어가라고 등을 떠민다. 그렇다. 후진국에서 세계 10위의 선진국으로 발돋움하고 있는 우리 아닌가.

이제는 우리 모두가 대화와 타협으로 멋진 선진사법제도를 만들기 위하여 힘과 지혜를 모아야 할 때이다. 시대정신에 부합하는 사법개혁을 이룬다면 반드시 성공할 것이다.

『전북도민일보』 2005. 5. 10.

고속철도 시대의 迷兒, 전주

　현대사회에서 한 지역사회의 소외의 정도는 자연환경이 아니라 사회적 인프라에 의하여 결정된다. 그것도 단순히 비례하는 것이 아니라 승수효과에 의하여 기하급수적으로 격차가 벌어진다. 교통이 불편하면, 물류비용이 더 들어 투자유치가 부진하고, 그 결과 도시가 상대적으로 낙후되면 교통수요가 적어 교통인프라 투자에서도 뒤처진다. 악순환이 되풀이되는 것이다. 더 심각한 것은 일자리를 찾아 우수한 인재들은 떠나고, 중앙과 멀어지는 지역사회는 폐쇄적이고 독선적인 분위기로 흘러간다는 점이다. 그 결과 문제를 해결하여야 할 주체마저 열등화되어 간다. 급기야는 문제에 대한 진단과 처방마저 뒤죽박죽되어 버린다. 현재의 전북과 전주가 그렇다는 것은 아니다. 그러나 그렇게 되어가는 것이 아닌가 하는 악몽에 가위눌리는 사람이 적지 않을 것이다.
　서울과 대구 간의 고속철도가 개통됨으로써 고속철도가 중요한 사회적 인프라가 되었다. 호남선에도 고속철도가 투입됨으로써 영·호남 간의 형식적인 균형은 이루어졌다. 그러나 실질적인 내용에 있어서는 현격한 차이가 있다. 서울과 대구 간의 거리는 350km이나 고속철도의 소요시간은 1시간 50분이다. 그에 반하여 서울과 익산 간의 거리는 210km이나 고속철도의 소요시간은 2시간이다. 전주의 경우는 어떤가, 설상가상이다. 시외버스로 30~40분을 더 가야 익산역에 도착할 수 있다. 사실상 전주에서는 고속철도는 그림의 떡일 뿐이다. 비슷하게 걸리는 고속버스와의 경쟁에서 밀려 아무도 고속철도를 거들떠보지 않는다. 문제는 서울에서 볼 때는 교통 오지인 전주를 아무도 거들떠보지 않는 시대가 올지 모른다는 것이다.

대통령 직속 한 위원회의 위원으로서 회의 참석차 전주에서 서울까지 거의 2주마다 한 차례 왕복하는 필자는 1시간 50분 만에 도착하는 고속철도를 타고 왔다는 경북대학교 교수를 볼 때마다 치밀어 오르는 분노를 억누르기 힘들다. 다른 지역에서는 고속철도가 쌩쌩 달리고 있는데 호남지역 고속철도의 신 노선은 계획조차 확정되지 못했으니 식민지라도 이런 대접은 받지 않을 것이다.

더욱더 가관인 것은 충북 오송역 분기 논쟁이다. 논쟁거리가 되지도 않을 문제가 제기되고 있는 현실이 답답하다. 전북지역은 경부고속도로가 개통되고 대전부터 호남고속도로가 분기됨으로써 수십 년간 최소한 30분 이상 시간의 손해를 보며 살아왔다. 거리에 비례하는 통행요금과 연료비의 추가부담은 또 어떤가. 수년 전 천안 논산 간 고속도로의 개통으로 이제 겨우 불균형이 시정되었다. 그런데 고속철도를 충북 오송역에서 분기하여 전북 도민들은 영원히 10분 이상의 시간낭비와 왕복 5,000원 이상의 추가운임의 손해를 감수하라는 것인가. 고속철도 시대의 10분은 고속도로 시대의 30분에 해당하는 긴 시간이다. 뿐만 아니라 오송역에서 분기하는 경우 국가의 추가부담이 수천억 원에 이르는 충북 지역 주민들에게는 과연 큰 도움이 될까? 그것도 환상일 뿐이다. 호남선 철도가 분기된 대전과 같은 번영을 기대할지 모르지만 두세 시간 만에 전국을 관통하는 고속철도가 분기된다고 하더라도 소음 외에는 크게 도움되는 일이 없을 것이다. 또 다른 이득이 있다면 충북지역에서 호남으로 오는 교통편이 편해진다는 점인데 경제력도 미약하고 거리도 짧을 뿐더러 교류가 거의 없는 두 지역 간의 왕래를 위해서 그런 배려를 한다는 것은 난센스일 뿐이다. 더구나 경부고속철도 정차역이 이미 있는 충북 오송 지역을 위하여 충남 공주·부여 지역 사람들이 희생하는 것이 온당한 일인가.

다른 지역에는 기회인 고속철도 시대의 개막이 전북과 전주에는 위기가 되었다. 고속철도 시대의 미아가 되지 않으려면 정신을 똑바로 차려야 한다. 최대한 빨리 호남고속철도의 신 노선이 확정되어 착공되도록 젖 먹던 힘까지 쏟아부어야 한다. 그리하여 열린우리당 호남지역 국회의원들이 지난 2004.11.17. 촉구한 바와 같이 2005년까지 제반조사 및 설계를 완료하고 2006년에는 착공하여 2010년에는 호남고속철도가 완공되어야 한다. 그리고 천안 분기역 외의 다른 대안에 대해서는 결사항전의 자세로 투쟁하여야 한다. 끝으로 예정대로 전라선의 전철화가 2006년 말까지, 복선화는 2010년까지 완공되어 2006년 말부터는 전라선에도 고속철도가 투입되는 것이 매우 중요하다. 이 세 가지가 이루어지는 날 1시간 30분 내에 서울에서 전주까지 고속철도로 오는 시대가 개막된다. 언제쯤일까? 迷兒에서 嫡子로 신분 전환이 되는 그날이.

『전북도민일보』 2005. 4. 12.

새만금 소송의 해법

　지난 4일, 새만금 간척 종합개발사업에 대한 서울행정법원의 1심 판결이 선고되었다. 재판부는 공유수면매립면허인가처분과 새만금 간척 종합개발사업 시행인가처분에 대하여 무효 확인을 구하는 원고의 청구를 기각하였다.
　다만 사정변경을 이유로 새만금 사업의 취소를 구하는 신청에 대한 정부의 거부처분의 취소를 구하는 원고의 청구를 인용하였다. 그러나 해당 법조문의 문리해석상 사정변경의 사유가 있다고 보기는 어렵다. 항소심에서는 쟁점이 사정변경 여부로 단일화되었고, 일심 법원의 해당 법조문에 대한 해석에 무리가 있어 정부와 전라북도의 승소가 예상된다. 따라서 마지막으로 남아 있는 2.7km의 방조제 축조공사에 들어가는 시점인 금년 말에는 새만금 소송이 종결될 가능성이 매우 높아졌다.
　새만금 사업이 이제 종착역으로 방향 선회를 한 셈이다. 왜 이렇게 표류하게 되었을까? 혹자는 사업을 강력하게 반대해 온 환경단체에 책임을 돌리지만 그 책임은 부차적이다. 오히려 새만금 사업을 친환경적으로 개발하는 단초를 제공했다는 점에서는 환경단체의 공도 만만치 않다.

전라북도가 줏대를 갖고 새만금 간척사업을 끈질기게 추진해온 점도 높게 평가 받아야 한다. 그럼에도 불구하고 전라북도는 현실성 없는 장밋빛 정책을 남발하여 새만금 사업을 표류하게 만들었다는 비난을 면할 수 없다.

전라북도는 지난 10년간 환상적인 개발정책을 연이어 내놓았다. 그러나 이는 아직 태어나지도 않은 아이를 대통령감이라고 자랑하는 어리석은 부모의 행태와 똑같다. 10년 전에 다우닝 코닝사를 유치한다는 정책을 내놓고 홍보하고 추진했다는 것은 지금 생각하면 낯 뜨거운 저질 코미디 아닌가.

최근에 전라북도가 발표한 540홀 골프장 건설 정책은 또 어떤가. 540홀의 골프장을 건설할 투자자도 없겠지만, 만에 하나 만들어진다면 누가 오는가. 앞으로 전라북도만 해도 5개 이상의 골프장이 건설될 예정인데 골프 인구가 천문학적인 숫자로 늘지 않는 한 경제성이 없다.

복합산업단지 개발정책도 현실성이 없기는 마찬가지이다. 전주 과학산업단지에 수십만 평의 공장부지가 수년째 놀고 있다. 군장산업단지 군산지구에는 2006년까지 314만 평의 산업단지가 추가로 공급될 예정이다. 그런데 또 몇천만 평의 공장부지가 당장에 필요할 것인가.

새만금 사업에 장밋빛 환상을 불어넣은 정략적 행동은 이제 당장 그만두어야 한다. 새만금 사업은 도민들에게 로또복권이 아니다. 새로 생기는 땅은 대부분 농지로 사용하다가 새로운 수요가 생기면 다른 용도로 조금씩 전용될 가능성이 있을 뿐이다.

　따지고 보면 새만금 간척사업의 규모가 남아도는 농지를 걱정할 만큼 큰 규모도 아니다. 국립 농산물품질관리원은 지난 1994년 1월 31일부터 작년까지 경지 면적이 19만 7천여ha가 줄었다고 발표했다. 그 면적은 새만금 사업으로 조성하려는 경작지 2만 8천여ha의 7배가 넘는다. 다시 말하면 새만금 간척사업으로 1억 2천만 평의 새로운 농지가 만들어져도 완공 후 2년 뒤에는 국가 전체적으로는 그 기간 동안 감소하는 농지가 더 많아 농지가 더 줄어든다는 얘기이다.

　새만금 사업에 장밋빛 환상을 불어넣은 정책과 공약의 남발은 새만금 사업 자체에 백해무익한 결과를 가져다주었다. 불필요한 논란거리를 만들어 반대운동을 촉발시켰고, 행정소송에서는 간척지의 용도불특정이 가장 큰 쟁점이 되는 상황에 봉착했다. 다행히 행정법원의 공사중지가처분의 주된 이유였던 수질문제는 큰 문제가 없는 것으로 밝혀졌다. 용도 불특정의 문제는 간척지의 주 용도를 농업용으로 못 박으면 해결된다. 그렇게 하더라도 간척지 가운데 일부는 수요에 따라 용도를 변경할 수 있는 여지는 남아 있다.

　경제성 평가도 사업 시작 단계가 아니고 마무리 단계이기 때문에 논란이 되지 않는다.

　이제 새만금 사업은 정부와 사법부에 안심하고 맡겨두면 된다. 전라북도는 새만금 사업이 원래의 계획대로 추진되는지 지켜보는 역할에 충실하고 새만금 사업을 빼고도 전라북도가 지속적으로 발전할 수 있는 새로운 전략을 차분하게 마련하기 바란다.

『전북도민일보』 2005. 2. 10.

로스쿨 유치의 당위성

 로스쿨(법과전문대학원)제도의 도입이 가시화되고 있다. 아직 확정된 것은 아니지만 이미 거스를 수 없는 대세가 되었다. 따라서 이제부터는 로스쿨 유치를 위하여 빈틈없이 준비하여야 한다. 아마 로스쿨 유치의 성패는 준비의 정도에 따라 좌우될 것이다.
 만일 전북지역에 로스쿨이 설치되지 않는다면 우리의 미래는 암담하다. 로스쿨에 진학하려는 우리 지역 출신 학부 졸업자들은 서울이나 대전 또는 광주로 진학하여야 하는데 정보 부족과 심리적 요인 등으로 입학상의 불이익이 적지 않을 것이다. 급기야는 로스쿨에 진학하려는 학생들은 대학부터 타지로 진학할 개연성이 높다. 가뜩이나 열악한 지역경제에 인구와 부의 유출 요인이 하나 더 느는 셈이다. 더구나 3년간 다녀야 하는 로스쿨의 학비도 만만치 않은데 하숙비까지 부담하여야 한다면 경제적인 부담 때문에 로스쿨 진학을 포기하는 사람도 속출할 것이다. 법조문화의 황폐화도 심각하게 우려된다. 지역 내에서 자체적으로 필요한 법조 인력을 배출하지 못하는 절름발이 구조 때문에 로스쿨이 설치된 다른 지역과는 비교가 되지 않을 만큼 법조문화가 왜소화되고 2류 법률문화권으로 전락하게 될 것이다. 그렇다면 로스쿨 유치는 우리 지역의 사활이 걸린 문제가 아닐 수 없다.

그런데 현재의 객관적 여건은 우리 지역이 상당히 불리하다. 시행 당시의 사법시험 합격자 수를 기준으로 로스쿨의 정원을 정한다면, 로스쿨 수료자 중 변호사 시험 합격자 비율을 90% 정도로 예상할 때 입학정원은 대략 1,100명에서 1,200명 정도로 추산된다. 각 로스쿨의 입학 정원을 100명으로 하더라도 설치 가능한 로스쿨은 11개에서 12개로 서울에 5~6개 로스쿨이 설치되면 과연 전북지역에까지 그 몫이 돌아갈지 결코 만만치 않은 상황이다.

다행스러운 것은 로스쿨을 추진할 참여정부가 지방분권과 지역균형발전을 최우선 정책과제로 하고 있다는 사실이다. 그렇기 때문에 이러한 문제점들이 정확하게 전달된다면 전북지역에 로스쿨을 설치하는 데 참여정부가 앞장설 것으로 기대된다.

다만 지역의 대학들이 각각 로스쿨 유치에 독자적으로 나서면 유치운동의 힘이 분산되고 서로 간에 갈등과 대립이 심화될 가능성이 높다. 그 결과 로스쿨 유치도 실패할 확률이 높다. 따라서 전북지역에 로스쿨을 유치하는 운동은 거도적인 단일한 유치운동으로 전개하지 않으면 안 된다.

아직 시간은 충분하다. 대법원 산하 사법개혁추진위원회는 2004년 10월 4일 로스쿨을 도입하기로 의결하였지만, 로스쿨 도입안을 포함한 사법개혁위원회 건의안은 다시 곧 출범할 대통령 산하 사법제도개혁추진위원회에서 충분히 논의한 후 제도화할 예정이다. 위 사법제도개혁추진위원회는 2004년 12월 15일 제정 공포된 사법제도개혁추진위원회 규정에 근거하여 설치될 예정이며, 활동 기간은 2005년 1월 1일부터 2006년 12월 31일까지로 정해져 있다. 앞으로 범도민적인 전라북도 로스쿨유치 추진위원회가 결성되면 사법제도개혁추진위원회에서의 논의에 적극 참여하여 앞서 본 바와 같은 문제점을 정확하게 전달하고 지방분권과 지역 균형발전을 위해서라도 광역시·도에 최소한 하나씩의 로스쿨은 설치되어야 한다는 점을 강력하게 촉구하여야 한다.

그런데 로스쿨 유치에 있어서 가장 어려운 고비는 외부에 있기보다는 내부에서의 화합과 단합의 과정에서 있을지도 모른다. 그것은 다른 지역의 경우에도 마찬가지이다. 그러나 무엇보다도 지역을 사랑하는 마음이 전제된다면 모두가 승자가 되는 방법을 찾을 수 있을 것이다.

전북 지역에 로스쿨이 유치되어 또 한 번 전북인의 자긍심을 드높이고 삶의 질을 높이는 쾌거가 이룩되기를 간절히 기원한다.

『전북도민일보』 2005. 1. 11.

전북인의 좌절과 열망

한 해가 저물어가고 있다. 올 한 해 전북인들이 꿈꾸었던 소망은 얼마나 이루어졌을까? 뜻대로 되지 않았다 하더라도 우리의 노력이 부족했다고 생각하고 툭툭 털어버리고 남은 날이라도 우리 모두 행복한 마음으로 연말연시를 보냈으면 참 좋겠다. 내년이 또 있지 않은가.

연말을 맞아 풍성하게 펼쳐지고 있는 많은 문화행사들도 우리를 행복하게 만든다. 지난주 4일간에 걸쳐 공연된 호남오페라단의 오페라 「라보엠」은 까마득하게 잊었던 가난했던 청춘을 되돌아보게 만들었다. 가난할 수밖에 없는 젊은 예술가들, 시인과 화가, 그리고 음악가와 철학자, 젊은 4인의 고단하지만 쾌활하고 꿋꿋한 삶의 이야기는 가진 것은 없었지만 꿈과 희망이 있었기에 힘들지 않았던 우리들의 젊은 시절을 회상케 한다. 하지만 가난 때문에 상처받고 끝내는 죽음에 이르는 슬픈 사랑이야기로 끝을 맺자 같이 공연을 관람했던 내 처의 눈시울은 시종 붉게 물들었다. 가난이 무엇인가를 새삼 깨닫게 하는 이야기였다. 신자유주의를 반대하는 사람들은 세상이 20:80의 사회가 되었다고 호들갑을 떨지만, 언제는 가난한 사람이 소수이던 시절이 있었던가. 가난은 인간의 숙명일지도 모른다. 가난을 극복한 소수의 사람이 있지만 유사 이래 대다수의 사람들은 의식주를 해결하는 데 급급해왔다. 그리고 그 고난과 절망을 이겨내는 과정에서 인간의 정신은 더욱 맑아졌다. 이중환은 농사마저도 편하게 지을 수 없는 잔반 출신으로서 가난이라는 말도 사치스러운 극심한 빈곤 속에서 헤어나지 못하고 생을 마쳤지만, 『택리지』라는 위대한 저작을 남겼다. 그가 호의호식하는 양반 관료였다면 한평생 편했겠지만, 밤하늘의 별 같은 위대한 정신으로 남지는 못했을 것이다. 그렇지만 가난은 고통스럽고 사랑과 같은 가장 귀한 것도 잃게 만든다.

또 한편의 공연은 세속적인 가치보다는 예술 등 무형의 가치가 인간을 행복하고 품위 있게 만든다는 것을 웅변으로 보여주었다. 이번 주 월요일에 있었던 에버그린 밴드의 공연은 과거 밴드 경력이 있는 초로의 신사들이 모여 창단한 밴드의 공연으로서 겨울밤을 따뜻한 감동으로 물들였다. 나는 공연의 화음에도 감동했지만 무엇보다도 무대 위에 선 그 분들 한 분 한 분이 참으로 부러웠다. 돈이 많고 지위가 높으면 뭐하나, 정말 좋아하는 음악과 함께 인생의 황혼을 보낼 수 있다면, 그보다도 더 행복한 사람은 없을 것이다. 세속적인 가치보다 더 귀한 무형의 가치가 있다는 것이 인간의 삶을 동물의 삶과 구별짓는 것 아닐까?

지난 수년간 전북지역에서는 방사선 폐기물매립장 문제와 새만금 간척사업 문제로 극심한 갈등과 반목이 반복되어왔다. 지긋지긋한 가난과 낙후를 극복하자는 열망과 물질적 가치를 넘어선 환경 등 더 높은 무형의 가치를 추구하자는 열망이 격렬하게 충돌한 것이다. 그러나 이제는 서로에게 배우고 극적으로 화해해야 한다고 생각한다. 가난을 극복하지 못한다면 방사선폐기물매립장이라도 들여와서 극복해야 한다는 강력한 열망이 도민들에게 있다는 것을 새만금 반대론자들은 배워야 한다. 다른 한편에서는 미래의 자손을 생각하지 않고 자긍심도 포기한 채 졸부와 같은 물질만능주의에 젖은 개발지상주의를 도민들이 단호하게 거부한다는 것을 방폐장유치론자들은 배워야 한다.

　방폐장유치를 포기하고 새만금 반대를 포기하는 극적인 타협이 이루어진다면 새해에 떠오르는 태양은 더욱 크고 붉지 않을까?

『전북도민일보』 2004. 12. 14.

김제공항 건설의 전제조건

　수년 전 전국적인 시민단체 임원연수회에서 박원순 변호사의 주제강론을 들은 적이 있다.
　박 변호사는 영국과 미국에서의 연구원 생활을 경험으로 하여 선진국과 한국을 비교하면서 한국사회운동의 당면과제를 강론하던 중 느닷없이 김제공항 이야기를 들고 나왔다. 사회발전을 위해서는 투명성의 원칙과 함께 공정성의 원칙이 중요하다고 강조하면서 전북에 무슨 공항이 두 개나 필요하냐는 취지였다. 공정성의 원칙에 비추어 볼 때 김제공항 이야말로 중복투자와 지역이기주의의 표본이라는 주장이었다.
　그 자리에서 전북도민은 욕심꾸러기가 되어버렸다. 1개의 공항도 제대로 활용하지 못하면서 새로운 공항의 건설을 요구하는 것은 욕심이 지나치다는 이야기였다. 갑자기 뒤통수를 얻어맞은 듯한 충격을 받은 필자는 과연 우리는 욕심꾸러기인가, 아니면 어디에서 무엇이 잘못되었는가를 생각해보지 않을 수 없었다.

　며칠간의 번민 끝에 전북도민 모두에게 잘못이 있다는 생각이 들었다. 그중에서도 비겁하고 자기희생의 정신이 부족한 지도층 인사들의 책임이 가장 크다는 결론에 이르게 되었다.

　그와 같은 결론에 이르게 된 논리는 지극히 단순하다. 김제공항이 건설되면 군산공항을 폐쇄한다는 명확한 원칙을 세우고 대외에 천명하지 않았기 때문에 앞에서 본 바와 같은 중복투자와 지역이기주의라는 터무니없는 험담을 듣게 되고 공항건설사업도 대외명분에서 밀려 지지부진하게 되었다. 그렇다면 전라북도 관계자와 지역 출신 정치인들은 왜 그 문제에 대하여 소극적인가. 군산 시민들의 반발이 두려워서 은근슬쩍 넘어가려는 술책 아니겠는가.

　그러나 이제는 그런 방식이 통하는 시대가 아니다. 당당하게 국가경쟁력의 강화라는 명분을 가지고 국책사업을 선택하고, 선택된 사업은 집요하게 밀어붙이지 않으면 성과도 없고 떼쟁이라는 억울한 낙인만 찍히는 시대가 되었다.

　김제공항은 국가경쟁력의 강화를 위해서는 꼭 필요한 사업이다. 세계 최대의 시장으로 부상하고 있는 중국 진출의 전초기지로서 서해안지역의 역할은 앞으로 절대적이다. 그런데 그곳에 공항이 없다는 것이 말이나 되는가. 물론 인천과 무안에도 공항이 있긴 하지만 그곳은 서해안지역의 변방 아닌가. 서해안 시대의 중심센터인 전북에 공항이 꼭 필요하다는 것은 말이 필요 없는 것 아닌가. 무역과 금융 외에도 관광과 레저를 위해서도 공항은 꼭 필요한 것 아닌가. 그리고 전북의 허브공항으로서는 군산공항이 너무 외지고 미군공군기지에 세들어 사는 것은 자존심 상하는 일 아닌가. 군산 시민으로서도 군산공항이 폐쇄되고 김제공항이 건설되면 시간상으로는 10분에서 20분 정도 손해지만 공항이 활성화되어 항공편이 많아지면 오히려 더 좋은 것 아닌가. 매일 출퇴근하는 것도 아닌데 10분이나 20분이 대수인가.

 전북 도민이나 군산 시민이 모두 허심탄회하게 생각한다면 충분히 공감할 수 있는 이야기 아닌가? 문제는 이러한 민감한 사안에 대하여 고양이 목에 방울 달기 식으로 아무도 선뜻 나서지 않는 풍토에 있다. 그렇다면 최종적으로 누가 나서야 하는가. 아무도 없다면 전라북도 관계자나 지역 출신 정치인이라도 나서야 하지 않을까? 지역발전을 선도해야 하는 막중한 책무가 주어졌다면 당장의 비난과 손해를 감수하더라도 먼 미래를 위한 포석을 과감히 하는 큰 인물이 그립다. 지역상공인들도 뒷짐을 지고 있을 일은 아니다. 전주, 군산, 익산, 정읍 상공회의소 회장들이라도 모여 군산공항 폐쇄할 테니 김제공항 꼭 만들어야 한다고 전 국민에게 호소하는 성명서라도 내야 하지 않을까?

『전북도민일보』 2004. 11. 16.

시장경제와 법

　변호사 업무를 시작한 지 10여 년이 지난 지금 시장경제의 위대함을 새삼 느낀다. 변호사가 국민의 사적재산권과 인권을 지키는 최후의 수비수 역할을 하지만 국가가 비용을 전혀 부담하지 않는다. 그러나 변호사들은 의뢰인을 위하여 강력한 국가기관을 상대로 하여 온갖 노력을 아끼지 아니한다. 비단 국가권력에 한정되지 않는다. 상대방, 증인 등으로부터 유형·무형의 압력도 적지 않다. 그렇지만 대부분의 변호사들은 본인 못지않게 최선을 다한다. 만일 변호사들이 국가공무원이라면 어떠할까? 그들은 관료주의의 타성에 젖어 형식적으로 업무를 처리할 가능성이 많을 것이다.
　더구나 형사사건의 경우 막강한 경찰이나 검찰을 상대로 하여 적극적이고 진취적인 업무처리를 하기가 쉽지 않을 것이다. 국가가 비용을 부담하는 경우보다 국가가 비용을 전혀 부담하지 않는 경우가 국민의 사적

재산권과 인권을 지키는 데 더 효율적이라면 얼마나 기이한 현상인가. 어찌 시장경제가 위대하다고 하지 않을 수 있겠는가.

이는 단순한 假定의 문제가 아니다. 구 소련과 현재의 북한에서 일어났거나 일어나고 있는 문제이다.

개인의 사적재산권과 인권을 지키는 일은 개인에게는 생존의 문제이지만, 사회 전체적으로도 가장 중요한 문제이다. 왜냐하면 그 문제는 한 사회가 활력을 갖느냐 갖지 않느냐의 관건이 되기 때문이다. 한말에 조선을 방문했던 한 외국인의 눈에 당시의 한국인들은 게으르고 나태한 민족으로 보였다고 한다. 그런데 그 외국인이 우연히 만주와 연해주를 방문하게 되었는데 그때 만난 한국인은 모두 활기가 넘치고 부지런하였다고 한다. 자신의 조국에서 못 살고 먼 이국 타향까지 와서 사는 사람들의 전혀 다른 모습에 그 외국인은 큰 충격을 받았다. 그리고 왜 그런 현상이 발생하였을까를 곰곰이 생각해보았다. 마침내 내린 그의 결론은 조선에서는 사람들이 열심히 노력해서 돈을 벌어도 권력을 가진 사람들이 다 뺏어가기 때문에 자포자기 상태로 살아가고 있다는 것이었다. 왕과 지방수령이 행정과 입법, 사법 삼권을 가지고 있는 체제에서는 개인의 사적재산권과 인권을 보장받기가 어렵기 때문에 수긍이 가는 해석이다.

7세기에 혜성처럼 나타나 한때 세계 최고의 문명을 구가했던 이슬람 문화에는 법관제도가 있었다. 중세의 세계적 대여행가인 이븐바투타는 1325년부터 1354년까지 아시아, 아프리카, 유럽 3대륙을 종횡무진 두루 편력하면서 직접 보고 들은 것을 연대기 형식으로 기술하였다.

이븐바투타는 위 견문록에서 각국의 실정을 소개하면서 술탄과 이슬람학자와 함께 법관을 항상 소개하였다. 그만큼 그 사회에서 법관의 역할이 중요하였다는 것을 보여준다. 그와 함께 당시 이슬람권에서 수많은 가게가 연이어 있는 시장이 번성하였음을 자랑하고 있다. 입법과 사법이 분리된 이슬람권에서 시장의 번영은 제도적 소산이었던 것이다.

　시장경제와 민주주의는 시민들에게는 공기와 같다. 평소에는 그 중요성을 모르지만 체제가 전체주의 체제로 전락한다면 자유에 목말라 할 것이다. 개혁과 혁신도 좋지만 빈대 잡으려다 초간 삼간 태우는 우는 범하지 말아야 하지 않을까?

『전북도민일보』 2004. 10. 19.

과거사 청산을 제대로 하자

과거사 청산 논란으로 한국사회는 바야흐로 백가쟁명의 시대로 들어섰다. 청산해야 할 과거사는 무엇인가. 왜 이 시점에서 과거사 청산이 시대적 과제로 대두되는가. 과거 청산의 주체는 누구인가. 그들은 또 누구로부터 그 권한을 부여받았는가? 꼬리에 꼬리를 무는 질문이 이어진다. 그러나 명쾌한 답변을 기대하기 어렵다. 오히려 더 큰 문제는 불쑥 던져진 과거사 청산의 문제 제기가 해답은 뒤로한 채 현 체제의 정당성에 의문을 제기하고 불필요한 이념적 혼란을 자초할 개연성이 높다는 점이다.

백가쟁명의 시대는 두 가지 특색이 있다. 첫째는 주도권적인 사상과 이념의 부재이다. 둘째는 기존체제의 해체이다. 가장 대표적인 백가쟁명의 시대였던 춘추전국 시대야말로 그러한 특징이 두드러진다. 고대왕조인 주 왕조의 해체와 진시황의 진나라 건국 사이의 기나긴 500년간은 분열과 전쟁의 시대였다. 그리고 그 정치적 공백기에 유가, 도가, 법가 등 당시의 지적 수준에서 논의 가능한 온갖 견해와 학설이 제멋대로 춤을 추듯이 세상을 뒤흔들었다.

그 시대를 살았던 사람들에게는 아마 생지옥보다도 더한 핍박과 고통이 연속되었을 것이다. 한 세대를 25년으로 보았을 때 약 20세대에 걸쳐 대를 이어가며 윤리와 가치관은 혼돈에 빠져 있고 나라들은 작은 나라로 나뉘어 끊임없이 전쟁을 치렀던 그 시절 얼마나 사는 것이 힘들었을까?

이렇듯 백가쟁명은 결코 바람직한 사회현상이 아니다. 그렇다고 우리의 현실이 심각한 자기반성을 통해 진로를 전환해야 할 절박한 상황에 있는 것도 아니다. 우리나라는 최소한 아시아에서는 체제의 관점에서 보면 근대사에 가장 눈부신 성과를 이룬 나라이다. 산업화와 민주화라는 두 잣대에서 한국보다 더 나은 나라가 있는가.

그런데 왜 이 시점에서 과거사 청산이 최고의 화두로 떠오르는가. 과거사 청산을 주장하는 사람들은 내심에서는 이 문제를 제기하고 싶은 것이 아닐까?

남한의 현 체제는 미군의 주둔 아래 친일파들이 만든 체제가 아닌가? 그렇다면 그들이 만든 민주주의와 시장경제체제는 해체되어야 하는 것 아닌가?

이 문제의 제기라면 차제에 확실하게 짚고 넘어갈 필요가 있다. 먼저 8·15 해방 후 외국군의 주둔하에서 건국이 된 것은 남북한이 마찬가지이다. 친일잔재 청산의 철저함에 약간의 차이가 있더라도 이것은 정도의 문제일 뿐이다.

그렇다면 결국 체제의 문제만이 남는다.

한 민족이 독립운동 시기부터 건국에 이르기까지 어떤 체제를 선택할 것인가는 그 당시에는 매우 어려운 문제였다. 이 문제가 정답을 맞추기가 매우 어려운 고난이도의 문제였다는 사실은 역사가 여실히 보여주고 있다. 우리나라에서는 식민지 시기와 건국 초기에 다수의 지식인들은 사회주의 체제를 선호하였다. 일본에 유학을 갔다 온 선진 지식인들 사이에는 그 농도가 더 진했다.

우매한 대중이 아닌 다수의 지식인이 선호한 사회주의체제는 옳았는가.

과거사를 굳이 이 시점에서 따져본다면 오히려 이 문제가 핵심 쟁점이 되어야 한다. 왜냐하면 이 문제는 현재 진행형의 문제이기 때문이다. 역사에 대한 반추는 현재의 필요에 의한 것이다. 그렇지 않다면 분쟁만 일으키는 괜한 논쟁을 일으킬 이유가 있겠는가.

만일 한민족이 해방 이후 건국 초기에 남한과 북한에서 모두 사회주의체제를 선택하였다면 어떻게 되었을까? 생각만 해도 끔찍하다. 탈북자 한 사람이 했다는 이 이야기는 너무나 절절하게 가슴에 와 닿는다. '북한을 떠나니 이제 그 지긋지긋한 학습 모임에 안 나가게 되어질 것 같다.'고. 배고픔보다도 허위와 기만에 가득찬 사회분위기에 숨이 막힐 것 같았다는 이야기이다.

이제야말로 식민지 시기와 건국 초기에 사회주의체제를 선택했던 사람들의 자기반성의 고백이 필요한 시기가 아닐까? 이 길만이 과거사 청산을 제대로 하는 것이다. 그리하여 체제로서 정착한 민주주의와 시장경제가 삶의 방식으로서 국민들의 마음에 깊이 자리 잡게 된다면 과거사 청산 논란이 부질없는 평지풍파였다는 평가는 면하지 않을까?

『전북도민일보』 2004. 9. 14.

고법 전주지부 이후의 과제

2006년 2월 전주에 고등법원 지부가 설치되면 전북법조계에는 많은 변화가 올 것이다. 그 변화의 결과는 어떠할까? 르네상스의 시대가 도래할까? 아니면 태풍이 몰아치는 언덕의 숲처럼 생존을 장담할 수 없는 질풍노도의 시대가 도래할까?

외형상으로는 고법 전주지부의 설치는 도민과 법조인 모두에게 긍정적 효과만 약속한다. 무엇보다도 108km의 먼 거리에 있는 광주까지 항소심 재판을 위하여 다녀야 하는 불편이 해소된다. 뿐만 아니라 검찰청의 처분에 대한 항고사건 처리를 위하여 광주까지 다녀야 하는 불편도 해소된다. 구속 피고인들이 광주교도소에 이감되어 낯선 땅에서 이중고를 겪어야 했던 설움도 먼 옛날의 얘기가 된다.

경제적 효과도 만만치 않다. 그동안 역외로 유출되었던 변호사 선임 비용과 광주까지 다니느라고 소요되었던 교통비와 식비 등도 연간 5억

원이 넘을 것으로 추산된다. 변호사들도 광주까지 다니느라고 들었던 시간과 비용이 절감된다. 그만큼 변론 준비에 충실을 기할 수 있는 시간적 여유도 생긴 셈이다.

그동안 줄어들기만 하던 도내 인구도 미미하나마 증가할 수 있는 요인이 생긴다. 고법지부에는 예비판사 2인을 포함하여 8인의 판사와 약 16인의 직원이 근무할 예정이다. 고등검찰청 지부에도 3인의 검사와 약 15인의 직원이 근무할 예정이다. 전주교도소에도 증원의 요인이 생긴다. 고법 지부 설치라는 수요의 증가에 따라 급증할 신규개업 변호사도 적어도 2~3년간 20명은 훨씬 넘을 것으로 생각된다. 그 사무원과 가족까지 합하면 적지 않은 인구 유입이다.

그러나 호사다마라고 좋은 일만 있는 것은 아니다. 변호사업계에는 급증할 신규개업 변호사와 함께 고등법원 부장판사나 대법관 출신의 거물급 변호사의 출현으로 살아남기 위한 치열한 경쟁이 불가피할 것이다.

그런데 경쟁이 치열해지면 법조문화가 혼탁해질 우려도 있다. 그렇지 않아도 수입 질서의 문란과 일부 변호사들의 도덕적 해이로 변호사와 사무장, 법조 브로커가 구속되고 처벌받는 사건이 끊이지 않고 있다. 다행히 전북 법조계는 서로 신뢰하고 법조인으로서의 금도를 지키려는 전통이 이어져 왔다. 그러나 경쟁이 극심해지면 우리 지역에서도 수입 질서가 문란해지고 일탈하는 법조인이 나오지 말라는 법도 없다. 그리고 그 폐해는 고스란히 도민들에게 전가될 수밖에 없다.

따라서 이제는 우리 모두가 고법 전주지부 설치를 계기로 하여 우리 지역의 법률문화를 한 단계 끌어올리는 데 지혜를 모아야 한다.

그러기 위해서 가장 중요한 것은 변호사들이 자신들의 공공적 성격을 자각하고 직업윤리를 확고히 정립하는 것이다. 헌법은 변호인조력권과 변호인접견교통권을 보장하고 있다. 이는 국민의 기본적 인권과 사적 재산권을 지키는 최후의 보루로서의 역할을 변호사에게 부여하고 있는 것이다. 국가가 변호사들의 생계를 보장하지는 않기 때문이다. 이러한 공공적 성격과 영리적 성격의 팽팽한 긴장을 유지시켜주는 것이 높은 수준의 직업윤리가 아닐 수 없다. 우리 지역 법조계에는 법조 삼성이라는 위대한 선각자들이 있다. 초대 대법원장 가인 김병로, 최대교 검사장, 사도법관 김홍섭이 그분들이다. 다시 한 번 그분들을 상기하면서 몸과 마음가짐을 새롭게 할 때이다.

또 하나의 과제는 전문인으로서의 전문성을 강화하여야 한다는 점이다. 변호사에게 법률지식은 군인들에게 총과 같다. 그런데 쉬임없이 나오는 판례와 논문과 법률은 도저히 따라갈 수 없다는 절망감을 안겨준다. 따라서 한편에서는 분야를 세분하여 전문 분야를 특화하고 다른 한편에서는 업무보수교육을 집단화하고 체계화할 필요가 있다.

그리고 이러한 노력들이 성공한다면 고법 전주지부는 주민들의 불편 해소 외에 법률문화의 발전이라는 일석이조의 효과를 가져다 줄 것이다.

『전북도민일보』 2004. 8. 17.

새 대통령에 바란다
'지역화합 국정 최우선'

　이번 대통령선거는 우리 사회에 희망의 싹과 함께 가공할 만한 위험요소가 숨겨져 있음을 보여주었다. 격렬한 선거전의 주역으로서 온갖 고난을 겪은 노무현 대통령 당선자는 누구보다도 그 점을 절실히 느꼈을 것이다.

　그러나 만일 당선자가 그 점을 느끼지 못하였거나 느꼈더라도 그 해결을 자신의 핵심과제로 삼지 않는다면 참으로 통탄할 일이 아닐 수 없다. 자칫 잘못하면 남미와 같이 경제의 불안이 정치의 불안을 낳고, 정치의 불안이 다시 경제의 불안을 재생산하는 악순환의 수렁으로 빠져들 가능성이 높은 위험천만한 상황이기 때문이다. 더구나 우리는 미·소·중·일이라는 초강대국에 둘러싸여 있는데다, 안으로는 첨예한 남북대결의 모순까지 안고 있지 않은가.

적재적소 인재 등용을

이제, 길게는 1년, 짧게는 22일간 숨막히게 긴박하게 진행되었던 제16대 대통령선거는 대단원의 막을 내렸다. 당선자는 신발끈을 다시 동여매고 5년간의 대장정을 준비해야 한다. 하지만 신발끈을 동여매기 전에 먼저 해야 할 일이 하나 있다. 그것은 갈갈이 찢겨진 관객석을 되돌아보는 일이다. 관객석은 바로 우리가 더불어 살아가고 있는 역사의 현장이기도 하다.

이번 대통령선거는 선거전문가도 이해가 되지 않는 기현상이 속출하였다. 가장 이해할 수 없는 부분은 소위 말하는, 정몽준 신드롬이었다. 후보 자신이 유일한 현역의원인, 정치세력이라고 할 만한 세를 갖추지 못한 정몽준 후보가 유력한 대선후보로서 군림하였다는 점이 도저히 이해가 되지 않았던 것이다. 또 하나의 현상은 30%에 가까운 부동층이다. 이 또한 우려할 만한 현상이다. 정치 불안정의 요인이 될 뿐만 아니라, 국민들 사이에 정치를 넘어선 체제 전반에 대한 불만이 고조되었음을 보여주는 위험신호이기 때문이다.

내면적 삶의 질 높여야

이러한 기현상의 원인은 무엇인가. 그것은 무엇보다도 IMF사태 이후 벼랑 끝에 내몰린 사람들이 양산되고 있다는 사실에서 찾을 수 있을 것이다.

따라서 노무현 대통령 당선자는 최우선적인 과제로 이들의 삶이 인간다운 품위가 유지되는 삶이 되도록 만드는 획기적인 대책을 마련하여야 한다. 또 하나의 원인은 대중스타에 열광하는, 고독한 맹목적인 대중이 늘어나고 있다는 사실이다. 따라서 대통령 당선자는 국가 목표를 물질적인 경제성장에만 둘 것이 아니라 국민들의 내면적인 삶의 질을 높이는 교육, 문화정책의 수립에 고심하여야 한다.

다행히 노무현 대통령 당선자는 전국의 모든 곳에서 고른 투표를 하여 망국적인 지역감정을 녹아내릴 희망의 싹을 보여주었다. 지역과 세력 간 안배를 배제, 능력 위주로 적재적소에 인재를 등용하는 정책을 펼쳐 지역감정의 싹을 잘라주기를 간절히 고대한다.

『전북도민일보』 2002. 12. 19.

개혁론의 허실

올 연말 대통령선거는 5년간의 국가경영자를 뽑는다는 의미를 넘어서는 중차대한 과제를 부여받고 있다. 그만큼 우리 사회가 아직 수직상승 중이고 안정궤도에 들어서는 못했다는 후진성을 드러내는 슬픈 이야기이다.

안정궤도에 진입한 인공위성처럼 국가의 전략적 목표가 분명하고 시스템이 완비되어 있다면 얼마나 좋을까? 그러면 항공모함의 선장을 바꾸듯이 대통령 후보의 자질만 국민이 편하게 검증하면 될텐데.

그러나 어쩌면 힘들고 고통스러웠던 수많은 고비를 성공적으로 넘기고 이제 마지막으로 하나의 고비만 남은 것이 아닌가 하는 낙관적 견해를 가져본다. 인공위성이 안정궤도에 진입하려는 찰나의 순간과도 같은, 가장 중요한 마지막 고비가 기다리고 있다는 예감이 든다.

그렇다면 올 연말 대통령선거를 앞두고 대통령 후보뿐만 아니라 국민 모두가 고민해야 할 문제의식은 무엇일까? 그것은 개혁의 깃발을 내리는 일이다. 지난 김영삼 대통령과 김대중 대통령의 10년간의 재임 기간은 개혁의 시대라 해도 과언이 아니다. 개혁은 절대선이었고, 무소불위의 권력의 원천이 되었다. 한계상황에 도달한 개혁독재의 폐해를 해소해야 한다는 시대적 과제가 있었기에 또한 모두 이를 용인하였다.

하지만 이제는 개혁이 또 다른 개혁의 과제를 만드는 악순환이 되풀이되고 있다. 그런데 개혁은 개혁의 주체와 대상을 나누는 것을 전제로 하고 있다. 그러나 지금 어디에 우리가 개혁의 주체라고 나설 수 있는 집단이 있는가?

청와대인가, 언론인가, 여당인가, 야당인가, 노동자인가, 농민인가. 머리가 나쁘거나 뻔뻔스러운 거짓말쟁이가 아니라면 우리가 개혁의 주체라고 나설 집단은 없을 것이다.

개혁의 주체가 없다는 것은 결코 불행한 일이 아니다. 이제 국가 상황이 정상화되고 있다는 행복한 징표이다. 지금은 우리 모두가 개혁의 주체이기도 하고 개혁의 대상이기도 하다.

또 하나의 문제는 개혁의 속성상 시행과정이 조급하고 과격하여 많은 부작용을 남긴다는 점이다. 매년 수조억 원의 의료재정 적자를 초래하고 있는 의약분업정책의 실패나, 수십만 명의 고등학생들을 기만한 꼴이 된 이해찬식 교육정책의 실패가 그 예이다.

의약분업 실시를 의료제도의 개혁이라는 거창한 목표를 내세우면서 밀어붙이기식으로 강행했기 때문에 그 폐해가 훨씬 커졌다. 만일 기존의 질서를 존중하면서 의료제도의 점진적 개선이라는 목표 아래 임의적 의약분업이라는 단계를 거치면서 차분히 진행하였다면 오늘날과 같은 진퇴양난에 빠지지는 않았을 것이다.

또한 기존의 교육관료의 조언을 겸허하게 경청하면서 어린애 다루듯이 조심스럽게 다루어야 할 교육문제를 그동안의 장관들은 무능했고 본인은 하루아침에 교육제도를 개혁할 능력이 있다는 오만과 환상은 교육을 수렁에 빠뜨렸다.

따라서 금년의 대통령선거 준비는 우선 사회분위기를 차분하게 가라앉히는 일부터 시작해야 한다. 그리고 각 부분 영역에서 자율성을 충분히 부여하되 효율성이 높아지고 끊임없이 제도 개선이 이루어지는 시스템을 어떻게 만들어갈 것인가에 논의의 초점이 맞춰져야 한다.

그리하여 정치적 격변기를 줄서기의 호기로 삼는 자들을 도태시키고 높은 직업윤리와 전문성을 갖춘 사람들이 책임자가 되는 사회를 만들어야 한다. 그러한 사회가 바로 선진사회이다. 지금 우리는 선진사회의 문턱을 막 넘어서고 있는 셈이다. 문턱에서 넘어지지 않기를 간절히 바란다.

『전북일보』 2002. 4. 21.

교육과 지역발전

　판사로 처음 임관되어 2년간 생활하였던 수원은 지금도 첫사랑의 추억처럼 가끔씩 회상할 때마다 입가에 잔잔한 미소를 짓게 하는 고장이다. 수원성이 복원되어 도시 곳곳에 전통미가 살아 있었고 신도시 개발이 활발하게 진행되어 생활이 아주 편리하였으며 학창 시절을 보냈던 전주와 마찬가지로 조금만 차를 타고 나가면 정겨운 논밭과 산이 다정하게 맞이해주었다.

위성도시로 전락한 수원

　그런데 시간이 지나면서 도시 사정을 조금씩 알게 되자 이상한 현상이 눈에 띄었다. 변호사나 의사 등 전문 직종에 종사하거나 개인 사업으로 경제적 여유가 생긴 사람들의 대다수가 서울로 이사를 하는 것이었다. 아이들이 초등학교에 입학하기 직전이나 중·고등학교에 입학하기 직전에 가족들 모두 서울로 이사를 하고 본인 혼자 수원으로 출퇴근하였다.

생각하면 생각할수록 참으로 안타까운 일이었다. 장거리를 통근해야 하는 본인들의 고생은 두말할 나위가 없다. 그러나 더 큰 문제는 경제적 여유가 있는 그분들이 수원에 살면서 수원에서 쓸 수원의 막대한 부가 서울로 유출되는 것 아닐까?

그런데다가 수원에 살고 있는 시민들의 자긍심 또한 심히 훼손되었다. 서울로 이사갈 능력이 없는 못난 사람들이 모여 사는 도시라는 패배감이 도시를 짓누르고 있었다. 그런 풍토에서 문화가 꽃피고 시민운동이 활발하게 진행되겠는가. 수원에서 살고 있는 동안 내내 나는 뜻있는 사람들이 모여 수원의 학교살리기 운동이라도 전개해야 하는 것 아닌가라는 문제의식을 지울 수 없었다.

그 후 1991년 2월 전주지방법원으로 인사발령을 받은 나는 17년 만에 고향으로 되돌아왔다. 다시 온 전주는 도시 규모가 커진 것 외에는 큰 변화가 없었다. 사람과 사람 사이의 정다움도 여전하였고 음식의 맛도 전국 최고의 수준을 유지하고 있었다. 단 하나 내 주위에는 눈에 띄는 변화가 있었다. 모교인 전라고등학교가 서울대 합격자 수 등 입시성적에서 서울 강남에 내로라하는 고등학교에 조금도 뒤지지 않는 성적을 올리고 있었다. 전주의 다른 고등학교에 비해서도 월등한 성적이었다. 수원에서의 안타까움도 있고 해서 그 원인을 찾아보았다. 당시에는 고등학교의 신입생들을 무차별적으로 배정하였기 때문에 1년이 아니라 수년간 계속 입시성적이 좋다는 것은 결코 쉬운 일이 아니었다. 거기에는 필시 무슨 곡절이 있으리라는 확신을 갖고 유심히 관찰을 하였다.

적극적 관심 발전 이끌어

두 가지 남다른 현상이 발견되었다.

하나는 동문 재직 교사들이 학생부의 중심을 맡아 새벽 6시부터 학교에 나와 학생들의 등교 때부터 생활지도를 엄격하게 한다는 점이었고, 또 하나는 동문들이 극성일 만큼 학교 지원에 열성이라는 점이었다. 그 중에서도 동문 한의사들은 매년 3학년 담임선생님들과 동문 재직 교사들의 정기 건강진단을 실시하고 저녁에는 함께 격려의 회식을 하고 며칠 후에는 각자의 체질에 맞는 보약을 전달하였다.

얼마나 아름다운 미담인가. 동문들의 학교 지원도 이제는 체계화되어 약 7억 원 규모의 장학재단이 구성되어 장학금만 해도 한 해 수천만 원씩 지원하고 있다. 그리고 이러한 전라고등학교의 노력은 전북 교육에도 상당히 긍정적인 영향을 미치고 있다. 학교 간 선의의 경쟁을 유발하고 그 결과 전주에서는 1순위 모집에서 학생 정원을 초과하는 학교가 6, 7개 이상이나 되어 고교평준화제도의 실질적 내용이 충실해지고 있다.

그럼에도 불구하고 전북교육에는 어두운 그림자가 많이 있다. 매년 1,800명 이상의 학생이 타지로 유출된다는 보도도 있고 매년 입시성적이 저하된다는 우려의 보도도 있다. 그러나 그 문제는 다른 누구에게 떠맡기고 감나무 밑에서 감 떨어지기 기다리는 식으로 대처해서는 안 되는 문제이다. 지역교육이 지역발전의 관건이라는 확고한 인식을 갖고 지역주민 모두가 나설 문제이다.

『전북일보』 2002. 2. 18.

클린턴과 한국정치

클린턴은 1978년 32세라는 나이에 미국 아칸소주 주지사로 당선되었다. 지난 40년간의 미국 역사상 가장 젊은 주지사라는 기록도 남겼다.

재선에 실패한 후 다시 도전하여 다섯 번째 주지사 임기를 마친 클린턴은 1992년 46세라는 젊은 나이에 미합중국 대통령에 당선되었고 침체에 빠진 미국경제를 되살린 업적으로 무난히 재선을 한 후 2000년 퇴임하였다.

패기·열정으로 성공 이뤄

만약 클린턴이 한국에서 태어났더라도 그와 같이 눈부신 정치적 성공을 거두었을까? 워낙 정치적 집념이 강하고 정치적 네트워크 연결에 탁월한 클린턴인지라 어느 정도의 성공을 거두었을지도 모르겠다. 그러나 한국 풍토에 적응하려고 접근 방식을 180도 달리하였을 것이고 그 과정에서 매우 많은 상처를 입고 좌절했을 가능성도 매우 높다.

클린턴의 정치적 성공은 미국의 예비선거제도와 밀접한 관련이 있다. 겨우 18세의 촉망받는 젊은이로 바깥세상에 뛰어들었던 클린턴은 9년이 지난 27세에 고향 아칸소주에 돌아왔다. 조지타운대학, 옥스퍼드대학, 예일대학 등에서 학업을 마친 그가 1973년 가을 아칸소주 대학교 법과대학 조교수로 임용되었기 때문이다. 다음 해 클린턴은 자신을 포함하여 모두 4명이 경쟁에 나선 민주당하원의원 예비선거에서 돌풍을 일으켜 쉽게 압승했다. 압승의 이유는 클린턴의 조직관리 능력과 정열이 다른 후보자들의 지역적 기반을 능가한 데 있었지만, 더 결정적인 이유는 당시 공화당 출신 하원의원인 햄머슈미트가 1966년 하원의원 선거에서 승리한 후 한 번도 민주당으로부터 도전다운 도전을 받지 않은 만큼 철옹성을 구축하고 있어 민주당에서는 강력한 입지자가 없었기 때문이었다.

그러나 클린턴은 예상 밖의 선전을 하여 강적 햄머슈미트에 맞서 2퍼센트의 차이까지 따라잡았다. 그 결과는 햄머슈미터에 대한 그때까지 민주당의 도전 중 최고 성적이었고 클린턴은 아칸소 민주당의 가장 촉망받는 존재가 되었다.

성실한 정치 신인 등장 기대

그 후 승승장구한 클린턴은 1976년 민주당 검찰총장예비선거에서 압승하고 공화당이 후보를 내지 않아 쉽게 검찰총장에 당선되었고 2년 후인 1978년에는 민주당주지사 예비선거와 주지사 본 선거에서 압도적인 승리를 하였다.

그러나 정당이 1인지배체제하에 있고 지역주의 투표 행태가 횡행하는 한국에서는 어림도 없는 이야기이다. 자질이 뛰어난 정치 신인이라 하더라도 공천권을 장악한 총재나 그 대리인과 선이 닿지 않는 한 당의 공천을 받기는 어렵다. 그러나 천상천하 1인인 공천권자의 줄이 혈연이나 지연, 학연 아니면 막대한 공천헌금일 턴데 성실함과 진지함이 유일한 연줄인 정치 신인들에게는 애당초 가능성이 없는 얘기이다. 그렇다고 불의한 정치현실을 바꾸겠다고 무소속으로 출마했다가는 지역주의라는 함정에 빠져 풍차에 돌진하는 돈키호테 취급받기 십상이다.

다행히 집권여당이 올해 대선후보선거는 국민경선제라는 사실상의 예비선거제를 도입하고 국회의원을 비롯한 각종 공직후보자는 당원대회에서 선출하겠다는 결정을 하였다.

선거 때마다 당을 바꾸고 정치개혁이라는 화두를 들고 나왔던 정당이라 액면 그대로 믿기진 않지만 그래도 혹시나 하는 마음으로 한국에서도 클린턴 같은 정치인이 나올 수 있는 풍토가 만들어지는 계기가 되기를 기대해본다.

『전북일보』 2002. 1. 21.

21세기와 법률

19세기 말 근대법이 우리나라에 도입된 이후 상당한 기간 동안 법률은 국민들에게는 두려움과 낯설음의 존재였다.

근대법이 인권존중의 사상과 합리주의 정신을 골간으로 하고 있다는 점을 생각할 때 참으로 안타까운 일이다. 그리고 현재의 법률문화에도 농후하게 남아 있는 후진성과 전근대성의 역사적 근원이라는 점에서 현재 진행형의 문제이기도 하다.

지금까지도 두려움의 존재

제국주의 열강의 영향 아래 반강제적으로 이식된 근대법이었기에 당시의 민중들에게는 지구를 방문한 E.T만큼이나 아주 생소한, 새로운 내용의 강제규범일 수밖에 없었다.

패륜과 악행을 널리 알려 마을의 질서를 바로잡던 농촌사회에서 진실한 사실일지라도 함부로 남의 허물을 이 사람 저 사람에게 말해서는 안 된다는 명예훼손의 법리가 처음에는 얼마나 생소했을까?

지금도 명예훼손을 처벌해 달라는 고소가 봇물을 이루고 있는 것은 아직도 국민들에게는 타인의 명예를 존중해야 한다는 관념이 부족하다는 반증이다.

이와 같이 근대법의 법리들이 자생적으로 발전해 온 것이 아니라 이식되었기 때문에 시민들의 생활 속에 스며드는 데 힘이 들었던 것이 아닌가 생각된다.

그런데 식민지 시대에는 상황이 더 악화되었다. 법률이 식민지 지배의 강압적 통치수단으로 군림하면서 국민들과의 거리는 더욱 멀어진 것이다.

1910년에 시행된 토지조사령에 의한 토지수탈과 1925년에 시행된 치안유지법에 의한 민족해방운동의 무자비한 탄압은 법에 대한 두려움과 낯설음을 결정적으로 법에 대한 반감으로 키워놓았다.

그리고 해방 이후 민주화의 물꼬를 튼 1987년 6월 민주항쟁 이전까지는 상황이 대동소이하였다. 권위주의정부에서 군사독재정권 등으로 이어지면서 법의 억압과 독재의 수단으로서의 기능이 여전하였기 때문이다.

그러나 6월 민주항쟁 이후 급속도로 진행된 민주화의 도도한 흐름은 법률문화에도 근본적인 변화를 가져왔다.

그중에서도 군계일학처럼 두드러진 성과는 1988년 9월 헌법재판소의 출범이다. 헌법재판소는 2001년 10월 31일 현재 482건의 위헌 내지 인용결정을 선고함으로써 법치주의 발전에 획기적인 전기를 마련하였다.

1948년부터 1988년까지 40년간 단 5건의 위헌결정도 없었던 것에 비추어 볼 때 상전벽해의 변혁을 이루어냈다.

그러나 질적인 측면에서는 더 큰 의미가 있다. 독재 권력의 사실상 통제하에 있던 국회에서 통과된 법률이라 하더라도 국민의 기본권을 침해하는 법률은 위헌결정을 받아 폐지됨으로써 실질적 법치주의로 한 걸음 나아가는 전기를 만들었기 때문이다.

國民 법의 주인으로 당당히 서야

그럼에도 불구하고 여전히 바뀌지 아니한 것들이 있다. 하나는 국민들의 법에 대한 반감이다. 또 하나는 일부 법조인들의 특권의식이다.

국민들의 법에 대한 두려움과 낯설음은 법에 대한 반감으로 발전하여 법치주의 발전의 최대 장애인 준법의식의 해이로 귀결되고 있다.

또 한편으로는 국민들의 법에 대한 두려움과 낯설음은 이에 편승하여 국민들에게 군림하려는 일부 법조인들의 안식처가 되고 있다.

그러나 앞서 본 바와 같이 법은 더 이상 두렵거나 낯선 존재가 아니다.

따라서 21세기에는 국민들이 법에 대한 두려움과 낯설음을 떨쳐버려야 한다. 그리하여 법의 주인으로서 당당히 서야 한다.

『전북일보』 2001. 12. 17.

전주를 바꿉시다

수년 전 유럽여행을 했을 때 두 가지 커다란 문화충격을 받았다. 그 중 하나는 시간이 멈추어 있는 듯한 느낌이었다. 유럽 각국의 대부분의 도시에는 수백 년 된 건물이 늘어선 구 시가지가 그대로 보존되어 있었으며 주민들이 그 건물의 내부를 현대화하여 일상생활을 영위하고 있었다. 그런데 그곳에서 시간을 초월하고 있는 존재는 건물만이 아니라 그 건물의 주인인 주민들도 마찬가지였다. 시간에 쫓겨 종종걸음으로 뛰어다니다시피 하는 우리들에 비하여 그들은 너무나 한가롭게 거리를 거닐고 있어 오히려 시간이 사람을 피해 비껴가고 있는 듯하였다.

유럽, 자전거 일상생활화

그리고 또 하나의 충격은 일상생활의 일부가 된 자전거 행렬이었다.

유럽에서의 자전거 행렬보다 훨씬 장대한 자전거 행렬은 이미 중국 북경에서 본 적이 있었다. 그러나 그때에는 아무런 감흥도 일어나지 않았다. 왜냐하면 북경에서의 자전거 행렬은 자동차문화의 보급과 함께 조만간 사라질 운명임이 불을 보듯 뻔하였기 때문이었다. 그러나 우리보다 생활수준이 높은 유럽 국민들이 자전거를 타고 다니는 모습을 보면서 저절로 고개가 숙여지지 않을 수 없었다. 사람이 꽃보다 아름다운 순간이 이럴 때가 아닐까? 자신의 절제된 삶과 건강을 위하여, 또 한편으로는 공동체의 환경보호를 위하여 불편을 감수하는 모습이 너무나 아름다워 보였다.

  그런데 그러고 보니 오래된 건물을 보전하고 그 건물 안에서 생활하는 것이 얼마나 불편할까 하는 생각이 문득 떠올랐다. 그렇다면 이 두 가지의 문화충격은 동일한 맥락에 있는 것 아닌가. 그렇다. 그것은 고도의 정신성이 깃든 공동체문화의 산물임이 분명했다. 자신들의 전통문화와 도시의 환경을 지키기 위하여 자신들의 생활의 편리함을 양보하는 것은 고도의 정신적 품격이 갖추어지지 않고서는 불가능한 일이다. 세계에서 가장 많은 관광객이 유럽을 찾는 이유도 위와 같은 정신적 품격의 향기에 흠뻑 매료되었기 때문일 것이다.

  요즈음 '전주를 바꿉시다'라는 구호를 곳곳에서 볼 수 있다. 그러나 무엇을 어떻게 바꿀 것인가에 대한 논의는 구체적으로 전개되지 못하고 있다. 소극적이고 부정적인 분위기를 적극적이고 진취적인 분위기로 바꾸자는 캠페인 수준에 머물고 있는 것 아닌가 생각된다. 하지만 이제는 과감하고 도발적인 발상의 전환이 필요한 시점이다. 고유의 문화적 정체성을 확고하게 세우고 도시의 외관과 시민의 생활양식에서 외지인들이 충격을 느끼도록 전주를 바꾸어야 한다. 전주 도심에는 전주만의 분위기를 느끼게 하는 경기전, 풍남문, 객사, 덕진공원이 있다.

문화적 정체성 확고하게

그렇다면 여인이 아름다운 목선을 드러내기 위하여 가슴까지 깊게 파인 옷을 입듯이 경기전, 풍남문, 객사, 덕진공원과 팔달로 사이에 가로공원을 설치하여 도로에서도 확 눈에 띄게 만드는 것은 어떨까? 전북도청이 이전하고 전라감영을 복원할 때에도 팔달로까지 확장하는 것도 좋을 성싶다. 또 다른 욕심을 부린다면, 시민들이 각종 공연과 전시회를 관람하는 데 정신이 팔려 향락문화가 쇠퇴한 나머지 유흥업소 간판이나 러브호텔 간판을 다른 도시와는 달리 눈을 씻고도 보기 힘든 도시가 되었으면 좋겠다.

그렇게 되어 나비와 벌이 꽃의 향기에 취해 찾아오듯이 수많은 내방객이 독특한 문화적 향기에 취해 천 리를 마다치 않고 찾아오는 전주를 꿈꾸어 본다.

『전북일보』 2001. 11. 19.

대법원은 약속을 지켜야 한다

　1997년 11월 15일은 고등법원 전주지부 설치와 관련하여 역사적인 의미가 있는 날이다. 왜냐하면, 안용득 당시 대법원 행정처장이 이날 국회법제사법위원회 법안심사소위원회에 참석하여 '고등법원 지부설치에 관한 대법원 규칙을 개정해 고등법원 전주지부를 설치하겠다.'고 약속했기 때문이다. 그리고 그 시기는 최대한 빨리 추진하되 늦어도 2002년은 넘기지 않겠다고 다짐하였다.

　국회법제사법위원회는 안용득 처장의 이러한 약속을 믿고, 같은 해 6월 장영달 의원을 비롯한 전북 출신 국회의원 16명과 타 지역 출신 국회의원 52명이 제출한 '각급 법원의 설치와 관할구역에 관한 법률개정법안'의 통과를 보류하였다.

　본래 서울에 소재한 특허법을 대전으로 이전하기 위한 '각급 법원의 설치와 관할구역에 관한 법률 개정법안'은 그즈음 법안심사소위원회에 통과된 이후 국회본회의 의결을 거쳐 특허법원이 전주에 설치되어 있었을 것이다.

비록 상임위원회 소위원회 회의는 속기록을 작성하지 않기 때문에 서면화된 문서는 없지만 안용득 처장의 그러한 약속은 같은 달 15일 도내 모든 일간신문과 방송에 대서특필 보도되었다.

뿐만 아니라 법제사법위원회 법안심사소위 소속 국회의원에도 당시 정균환 국민회의 전라북도 도지부장과 당시 강현욱 신한국당 전라북도 지부장을 비롯한 장영달, 정동영 의원이 역사의 증인으로 현장에 있었다.

그러나 그때로부터 벌써 3년이 넘는 세월이 지났지만 대법원이 고등법원 전주지부 설치를 위한 준비를 하고 있다는 소식은 없다. 그리고 전북 도민들은 지난 1999년 9월 1일부터 2000년 8월 31일까지 기간 동안에도 약 798건의 민사·형사·가사 사건의 항소소송을 위하여 여러 차례 방문하는 불편을 감수할 수밖에 없었다.

그 외에도 전북 도민들은 2000년 한 해 동안 약 315건의 검찰 항고사건 때문에 여러 차례 광주를 방문할 수밖에 없었다. 그에 비하여 제주도민들은 고등법원 제주지부가 설치되어 있었기 때문에 같은 기간 동안 약 309건의 민사·형사·가사 사건의 항소소송을 제주도에서 아무 불편 없이 수행할 수 있었다.

국민에게 양질의 법률서비스를 제공하기 위한 사법제도의 개혁이 부단히 이루어지고 있는 지금 전북 도민들이 이러한 불편을 감수해야 할 아무런 原罪도 必然도 없다.

대법원이 전북 도민과의 약속을 지키기 위하여 고등법원 전주지부 설치를 위한 규칙 개정에 나섰다는 소식이 다가오는 봄소식과 함께 전해지기를 학수고대한다.

『전북일보』 2001. 2. 5.

새 천년 새 정치에 대한 제언

새 정치 핵심은 정치의 선진화 인재 영입이 사활의 관건

새로운 정치에 대한 논의가 활발하게 진행되고 있다. 논의가 너무 활발한 나머지 그 홍수에 휩쓸려가고 있는 듯한 착각마저 들 정도이다.

그러나 꼼꼼이 챙겨보면 의외로 무엇을 위한 새 정치인가 라는 근본적인 물음에 대한 답변이 취약하다.

정치적 흐름이 젊은 피 수혈론에서 물갈이론으로 다시 신당 창당과 제2창당으로 숨가쁘게 움직이고 있지만 왜 새 정치인가에 대해서는 시원스러운 답변을 들을 수 없다.

흔히 새로운 천 년을 능동적으로 맞이하기 위해서는 새 정치가 필요하다고 이야기한다.

그렇지만 역사는 단절 없이 계속되는 것이므로 자칫 잘못하면 위험한 정치적 선동의 논리가 될 수 있다.

왜냐하면 단순히 연대가 바뀔 뿐이고 현재 살고 있는 사람들과 그 사람들이 구성하는 사회는 2000년 1월 1일이 된다고 해서 하등 달라질 것이 없기 때문이다.

다만, 100년 전인 19세기 말 자주적 근대화의 실패로 겪은 식민지화와 6·25전쟁, 남북분단 등 민족적 시련이 너무나 가혹했기 때문에 새로운 천 년의 도전에 대해서는 철저하게 준비하여야 한다는 역사적 자각으로서의 의미는 충분히 있다.

한편으로는 세계화와 지식지반 사회로서의 문명사적 전환에 대한 응전으로서 새 정치가 필요하다고 이야기한다.

그러나 제3의 물결이라는 문명사적 전환은 새 정치라는 화두로 다루기에는 너무나 큰 주제가 아닌가 생각된다.

그 이유는 제 3의 물결은 정치라는 관점으로 관찰하기에는 그 다리 하나도 실상을 제대로 파악하기 어려운 몸집이 거대한 코끼리와 같은 존재이기 때문이다.

오히려 새 정치는 한국적 특수 정치 상황에서 필연적으로 제기된 시대적 과제가 아닐까?

왜 새 정치가 필요한가. 그것은 건국 이래 최초로 이루어진 수평적 정권교체와 밀접한 관련이 있다. 구 집권 세력은 50년 이상 야당의 집권은 생각조차 하기 싫다는 전제하에 집권을 연장하기 위해서 정경유착, 강압통치, 지역분열 등 수단과 방법을 가리지 않았다. 야당 역시 극한상황에서 일인지배체재, 공천헌금, 지역할거주의를 수단으로 하여 대항할 수밖에 없었다. 그러나 이제 과거의 정치적 구태를 청산하여야 한다. 그것이 바로 새로운 정치이다. 그렇다면 새로운 정치의 핵심은 무엇인

가. 그것은 정치의 선진화이다. 정치의 선진화는 수평적 정권교체라는 시대적 과제를 이룬 지금 우리에게 새롭게 부과된 과제이다. 선진정치는 과거와는 완전히 다른 정치이다.

우선 가장 먼저 국민의 정치에 대한 자세가 달라져야 한다. '돈 받았어도 제대로 찍자.'는 단계에서 '돈 받지 말고 제대로 찍자.'는 단계로 도약해야 한다.

그래야 참여민주주의가 제대로 꽃을 피우게 된다. 다음으로 변해야 하는 것은 정치인이다. 앞으로 공약(公約)을 공약(空約)으로 만드는 정치인은 확실히 퇴출시켜야 한다. 그래야 정치인은 제대로 된 공약을 내세우고 당선되면 무조건 그 공약을 지키게 된다.

끝으로 변해야 하는 것은 정당이다.

더 이상 낙하산식 공천을 일삼는 정당을 용납해서는 안 된다.

당원으로서 의무를 다한 당원이 시의원이든, 도의원이든 혹은 국회의원이든, 대통령이든 그 당의 후보를 결정하는 권리를 가져야 한다.

더 나아가 정당도 앞으로는 프로축구단이나 프로야구단이 우수선수를 스카웃하듯이 젊고 유능한 인재를 경쟁적으로 영입하지 않으면 살아남을 수 없다.

훌륭한 정치인이 많은 정당이 집권하는 것은 기량이 출중한 선수들이 많은 구단이 한국시리즈에서 우승하는 것과 조금도 다를 것이 없다.

연줄이나 돈을 받고 공직 후보자를 정하는 정당이 아직도 있는지 모르겠지만 연줄을 대거나 돈을 내는 선수를 받아들이는 프로구단은 결코 없을 것이다.

이 모든 것은 하루아침에 이루어지는 것은 아니고 짧으면 십 년, 길면 오십 년 이내에 동시대인이 달성해야 할 시대적 과제이다.

그리고 그날의 도래는 그날이 빨리 오기를 손꼽아 기다리기만 하는 사람들에 의하여 단축될 수는 없고, 그날을 하루빨리 앞당기기 위하여 노력하는 사람에게 전적으로 달려 있다.

당신은 어느 편인가?

『전북일보』 1999. 11. 29.

누가 가짜인가

늦가을로 접어드는 지금 지겹도록 무덥던 햇살이 이제는 따뜻하게 느껴진다. 사시사철 변하는 자연이 변덕스러운 것인지 그 품안에 있는 인간이 변덕스러운 것인지 잘 모르겠다.

그러나 분명한 것이 있다. 자연에는 혼선을 빚는 가짜가 없다는 사실이다. 자연은 언제나 순리대로 움직일 뿐이다. 그에 반하여 인간사에는 진실과 정도를 혼돈시키는 가짜가 너무 많다. 도처에 가짜가 진짜보다 더 진짜처럼 행세하고 있다. 그리하여 무엇이 진짜인지 무엇이 가짜인지 혼돈스럽기까지 하다.

무엇이 진짜인지 가짜인지 혼돈

최근의 전북지역 사정 역시 마찬가지다. 지역주민들은 중요한 지역현안에 대해 도대체 무엇이 올바른 것인지 판단할 수 없는 상황에 이르렀다. 전주공항이야말로 전북지역의 최대 현안이라고 한목소리로 외치더니 막상 공항 신설 계획이 가시화되자 공항건설 반대 움직임이 거세다. 또한 새만금간척사업이야말로 전북의 꿈이요, 희망이라고 듣고 있었는데 어느새 새만금간척사업 중단·백지화의 목소리가 드높다.

그런데 한심한 것은 그러한 반대 움직임이 거세어지자 전주공항과 새만금간척사업의 중요성을 목청 높여 주장하던 사람들이 눈치 보기에 급급하고 누구 하나 자신 있게 분명하고 단호한 태도를 보이지 않고 있다는 사실이다.

그러나 그래서는 안 된다. 조만간 전북의 양대 현안에 대해 전 도민적 결단을 내리고 그 결론에 반대하는 사람들을 엄중하게 비판하여야 한다. 먼저 전주공항의 건설에 대하여는 입지의 문제를 떠나 전주공항이 있어야 하는가에 대해 명쾌하게 판단을 내려야 한다. 그렇다면 결론은 명명백백하다. 각국의 지방자치단체 간에도 교류가 빈번하고 그 교류의 폭만치 국제회의, 국제관광, 국제체육행사 등으로 다양화되고 있는 상황에서 공항의 필요성은 두말할 나위도 없다. 더구나 국내항공 여행이 점점 가장 중요한 교통수단이 되어가고 있는 지금 철도마저 불편한 전주에 공항이 있어야 한다는 것은 말할 필요조차 없는 것이다. 따라서 전주공항건설을 반대하는 사람들은 일제 강점기에 전주로의 철도개설을 반대하던 유생만큼이나 시대착오적이라는 비판을 면할 수 없을 것이다. 그리고 전주공항이 꼭 필요하다면 어느 곳이 최적지일지는 그 입지 선택을 전라북도청에 맡겨야 한다.

왜냐하면 논란의 여지가 없는 공항부지는 어차피 불가능한 것이고 그 부지의 장단점은 대동소이할 수밖에 없다.

만약 전라북도청이 이미 정한 부지를 다른 곳으로 변경한다면 전주공항의 입지는 전혀 없다. 왜냐하면 새롭게 다른 곳을 전주공항부지로 정한다 하더라도 그곳 역시 그곳에 사는 주민 모두가 분명히 반대할 것이고 반대할 명분을 찾는다면 그 명분은 수없이 많을 수밖에 없기 때문이다.

그렇게 되면 전주공항은 어느 곳에도 건설할 수 없게 된다.

그러므로 전라북도청이 이미 정한 공항부지를 반대하는 사람들은 진심으로 반대할 수밖에 없는 그곳 주민을 제외하고는 진정으로 전라북도를 위하는 길이 무엇인지를 깊이 생각해보아야 한다.

다음으로 새만금간척사업에 대하여도 조만간 결론을 내려야 한다. 그런데 새만금간척사업의 중단론은 매우 무책임한 주장이다.

새만금간척사업을 일단 중지하고 충분히 새만금간척사업의 득실을 따져본 후 사업의 계속 여부를 결정하자는 주장은 합리적인 주장처럼 보이나 위험천만한 생각이다.

새만금사업 빠른 결단 필요

왜냐하면 현재의 시점에서 새만금간척사업의 중단은 사업시행의 무기한 보류로 이어지고 탄력을 잃은 추진력을 다시 되돌리기는 거의 불가능하기 때문이다. 돌던 팽이가 멈추면 넘어지고 달리던 자전거가 멈추면 넘어지는 이치와 다를 바 없다.

따라서 빠른 시일 내에 새만금간척사업의 강력한 추진이냐, 백지화냐에 대해 양자결단을 내려야 한다. 그러기 위해서는 전북지역의 언론을 포함해 지역사회에서 지도적 위치에 있는 사람들은 더 이상 눈치 보지 말고 자신 있게 자기 의견을 개진하여 활발한 토론을 벌여야 한다. 그리하여 한두 달 내에 가부 간의 결론을 내리고 결론이 내려지면 그 결론에 반대하는 사람들은 자신들의 무분별한 주장을 철회해야 한다.

결론을 내리는 방법으로 전라북도의회에 가부결정을 일임하여 공청회를 개최한 후 도의회의 의결정족수의 과반수로 결정하는 방안을 제안하고 싶다.

『전북도민일보』 1998. 11. 4.

대통합의 시대

현대사의 기적… 노사정 대타협

1998년 2월 6일 이루어진 노사정 대타협은 대통합시대의 서곡이다. 지난 1월 15일 노사정위원회가 발족한 지 23일 만에 타결된 노사정 간의 합의는 파업과 물리적 진압으로 점철되었던 지난 50년간의 현대사에 비추어 기적이라고 아니할 수 없다.

그리고 그 기적의 근저에는 우리 모두가 놓여진 현 상황이 너무 절박하다는 점, 그리고 이러한 절박한 상황을 타개해 나가기 위하여는 대단결과 대통합의 길밖에 없다는 공통된 인식이 자리 잡고 있다. 뿐만 아니라 노사정 대타협은 60년대 이후 무수한 희생을 감수하면서 발전되어 온 한국사회의 민주화가 1997년 12월 18일의 정권교체를 정점으로 하여 이제 대화와 타협의 정신으로 꽃피우고 있음을 잘 보여주고 있다.

우리나라 역사상 처음이라고 평가되는 경제주체 간의 사회적 합의가 얼마나 중요한가는 무엇보다 한국 근현대사의 역사적 경험으로부터 배울 수 있다.

1876년의 강화도 조약은 우리 민족에게 절대적인 무기와 기술의 우위를 갖춘 서구열강에 대한 국경과 통상의 개방을 강요하였다. 그 결과 우리에게는 국가 주권 침탈의 위험과 함께 자주적 근대화의 기회가 주어졌다.

그러나 우리는 보수파와 개혁파의 갈등과 대립, 친러파, 친일파, 친미파 간의 반목과 혈투 끝에 수백만 명의 농민이 희생되는 동학농민운동을 초래하였고 종국에는 한일합방이라는 씻을 수 없는 역사적 죄과를 범하지 않았던가.

그러나 어디 그뿐인가. 우리 민족은 일본제국주의 밑에서 36년간의 끔찍한 노예생활을 겪고도 해방 후 좌·우 간의 극단적인 대립으로 또다시 수백만 명의 양민이 희생되는 한국전쟁을 초래하였다. 이처럼 민족 대통합의 결과와 민족 내부의 분열과 반목의 결과는 하늘과 땅의 차이만큼이나 크다.

따라서 노사정 대타협의 의미는 대단히 크다. 그리고 위와 같이 그 의미가 크면 클수록 앞으로 이러한 노사정 대타협의 정신을 사회의 모든 분야에 침투시킬 책무 또한 크다.

대타협 실패 땐 대립·갈등 초래

만일 노사정 대타협이 실패하면 우리 사회는 어떠한 방향으로 나아갈까? 이제 겨우 대타협을 좌초시킬 수많은 암초가 산재해 있는 상황에서 이러한 의문은 단순한 호기심이 아니라 가장 현실성 있는 문제 제기가 아닐 수 없다.

우선 흔히 우리가 보아왔듯이 극단적인 대립과 갈등이 초래될 것이다. 그 결과 파업과 물리적 진압, 시위와 최루탄, 화염병이 재발될 것이다. 그 후에 우리가 극히 최근에 잠깐 경험했듯이 외국자본의 철수에 따라 외환파국이 오고 그다음에 더 극단적인 대립과 갈등이 나타날 개연성이 크다. 극우파와 극좌파가 기승을 부리고 친미파, 친일파, 국수주의자가 극단적인 혈투를 벌이면서 국가의 통합력은 철저히 무너져내리지 않을까. 악몽 같은 이야기다.

그런데 현재 우리에게는 전혀 엉뚱한 이야기가 아니다. 그러므로 우리 모두의 운명은 노사정 대타협이 민족대통합으로 완성되느냐에 달려 있다.

따라서 사회구조 대조정이 노사정 모두가 고통을 분담하고, 어느 누구도 일방적인 이익을 보거나 손해를 보지 않도록 합리적으로 이루어지는 것이 필수적이다. 그렇다면 지금부터는 정리해고제로 대표되는 노동자에게 회답하는 사용자 측의 선물이 중요하다.

선물보따리에 무엇이 들어 있을까.

우리 모두는 경제공동운명체

사용자들이 우리 모두가 경제운명공동체라는 사실, 경제적으로 표현한다면 대외환율의 등락에 따라 일희일비하는 하나의 경제단위에 귀속되어 있다는 사실을 절실하게 느끼면 느낄수록 선물보따리는 커질 것이다.

『전북도민일보』 1998. 2. 20.

희망 찾기

　새해 첫날 컴컴한 어둠을 불사르며 떠오르는 붉은 태양처럼 우리 모두를 공포와 절망의 나락에 빠뜨린 또 하나의 어둠을 불사를 존재는 없는가? 지나온 43년의 세월 중에서 가장 진지하고 절실하게 던지는 물음이다.
　그런데 새해에 접어들어 희미한 여명의 빛처럼 어렴풋이 실체를 드러낸 희망의 싹이 있다.
　한국전쟁의 폐허에 절망하고 그 후에도 10년 가까이 지속되어온 무기력한 사회에 지쳐버린 민족시인 신동엽은 절망과 낙담 속에도 끝내 희망을 버리지 아니하고 민족대서사시 「금강」에서 '우리들은 하늘을 봤다… 잠깐 빛났던 당신의 얼굴은 영원의 하늘, 끝나지 않은 우리들의 깊은 가슴이었다.'라고 절규하였다. 그 후 거의 40년 만에 우리는 또다시 끝이 보이지 않는 추락에 직면하고 있다.

2배 가까이 오른 환율폭등과 그 후에 엄습할 물가 폭등 예보, 그리고 하루하루를 겨우 넘기는 채무의 연장과 채권자들의 허울 좋은 내정간섭에 우리의 삶은 뿌리째 흔들리고 있다. 더구나 견딜 수 없는 것은 서슬 퍼런 채권자들의 등살에 밀려 외환시장, 금융시장이 완전히 개방된 후 탐욕스런 국제투기자본이 한 번 지나가면 살아남아 있는 것이 없다는 북미대륙의 메뚜기 떼처럼 환차익과 주식시장과 채권시장에서의 시세차익을 노리고 새까맣게 몰려들 것이라는 사실이다.

그러나 정말 견딜 수 없는 것이 있다.

그것은 우리의 의식이 이미 노예가 되어가고 있다는 사실이다.

우리는 지난 5년간 이미 무역적자가 눈덩이처럼 불어나는 와중에도 '시장경제'와 '규제철폐'라는 팡파르 아래 고급 사치품 수입과 무분별한 해외여행 등을 하면서 도끼자루 썩는지 모르고 마지막 잔치로 흥청거렸다. 잔치의 끝이 무엇이었는가.

이제 또다시 IMF를 앞세운 국제금융자본의 허울 좋은 내정간섭을 한국경제를 구조 조정할 절호의 기회라고 앞을 다투어 칭송하고 있다. 국제경제전쟁의 전사인 기업이 무너지면 우리에게 무엇이 남을까?

그런데 한겨울 죽은 것 같은 앙상한 나뭇가지에도 봄을 만드는 새싹의 순이 숨어 있듯이 희망의 싹이 곳곳에 자리하고 있었음이 새해 들어 어렴풋이 실체를 드러내고 있다.

그리고 그 실체의 이름은 '세련되고 정교한 민족주의'라고 부를 수 있을 것 같다.

지난 5일 시작된 '외화획득을 위한 금모으기 운동'은 이틀 만에 아기 돌반지와 할머니 금반지 등 10,145kg의 금을 모아 1억 달러 이상의 외화를 벌어들이게 되었다. 이러한 하늘을 찌를 듯한 기세와 열기라면 200억 달러에서 300억 달러로 추산되는 장롱 속의 금의 상당량을 수집하여 외환위기를 극복할 애국운동의 핵심이 될 것이다.

그리하여 달러수집운동, 고철수집운동, 국산품애용운동, 근검절약운동과 어깨를 나란히 하면서 이러한 운동에 화답하듯이, 작년 12월 경상수지가 36달러의 흑자를 기록했다는 낭보와 IMF 한파 속에서 이웃돕기 성금이 작년보다 8.1% 늘었다는 복음이 전해왔다.

새해에는 언제나 희망과 함께 출발한다.

더구나 우리에게는 IMF 관리체제를 극복한 희망의 싹이 있다. 다만 그 싹을 키워내고 거목으로 자라게 할 책임은 우리 모두의 몫이다.

우리 모두 움츠린 어깨를 펴고 비상할 각오로 앞을 향해 돌진하자.

『전북도민일보』 1998. 1. 9.

대통령 당선자에게 바란다
'진정한 한국 현대사의 시작'

 김대중 후보의 제 15대 대통령 선거에서의 대통령 당선은 한국 현대사의 시작을 의미한다. 그리고 중앙선거관리위원회의 김대중 후보 대통령 당선발표는 그동안 온갖 무수한 정치구호로 남발되었던 선진사회로의 진입이 이제 한반도에서 혁신화되었음을 세계 만방에 고하는 일이다.
 왜 그런가? 왜 똑같은 3김씨로 통용되는 김영삼 씨의 제 14대 대통령 당선과 김대중 씨의 제 15대 대통령 당선이 역사적 의미에서 질적으로 다른 평가를 받는가? 그 이유는 간단명료하다. 정권 교체가 되었기 때문이다. 그러나 정권 교체의 의미는 단순하지 않다. 그 속에는 앞으로 우리가 5년간 겪어야 할 숱한 시련과 아슬아슬한 고비들이 수없이 포함되어 있기 때문이다.

특권으로부터 해방

집권세력의 교체는 짧게는 50년간, 길게는 수백 년간 국민의 감시와 통제에 벗어나던 치외법권 세력을 청산할, 그리고 그 결과 그 오랜 세월 동안 태양의 햇살이 미치지 못한 음지의 독버섯같이, 사회 곳곳에 고질병처럼 뿌리내린 부정과 부패, 무책임과 무능을 뿌리 뽑는 절호의 기회가 될 것이다. 그리하여 정권 교체가 두려움과 혼란 없이 일상화되고, 독점과 특권으로부터 해방된 경제가 활기를 되찾고, 소외된 사람들의 인권과 복지가 보장되는 선진국가로 발돋움할 수 있을 것이다.

정치 실험 여유 없다

그러나 낙관은 금물이다. 정권 교체의 의미가 크면 클수록 그만큼 국정운영 경험이 없는 정치세력의 국정운영은 어렵다. 우리나라를 금융위기와 외환위기에 빠뜨린 김영삼 대통령의 실정은 국정운영 경험이 없는 지도자의 실패 가능성을 보여준다.

더구나 우리에게는 정치실험을 되풀이할 여유가 전혀 없다. 김대중 당선자마저 국정운영에 실패한다면 미증유의 혼란과 파국이 초래될 것이다.

김대중 당선자가 5년간 정권교체에 따른 혼란만 슬기롭게 넘긴다면 그것만으로도 본인의 역사적 책무는 훌륭하게 수행했다고 평가받을 것이다. 그리고 그 역할은 아무리 높이 평가해도 지나치지 않을 만큼 중요하다.

5년이란 참으로 짧은 기간이다.

절대 과욕을 부리지 말 것을 부탁한다. 뿐만 아니라 정권 교체에 따른 혼란만 극복하고 후임자에게 정권을 순조롭게 넘겨준다는 자세로 5년간 국정을 수행한다면 우리는 어느새 선진사회에 성큼 진입해 있을 것이다.

막힌 물길이 뚫린다면 도도한 역사의 흐름은 장강이 되어 거칠 것 없이 대해로 흘러갈 것이기 때문이다.

『전북일보』 1997. 12. 20.

무엇을 위한 대권인가

전환기적 징후가 곳곳에서 드러나고 있다. 위 징후들은 어떤 곳에서는 심한 악취와 추악한 모습으로, 다른 곳에서는 새벽 여명과 같은 희망의 빛으로 다가오고 있다.

협잡과 남의 빚으로 거대기업을 이루려던 한보그룹의 부도와 한보로부터 거액을 받은 부패한 정치인 및 금융인, 행정 관료들의 몰락이 전자의 모습이라면, 부패척결을 위한 시민운동단체들의 집요한 노력, 각종 경제규제의 완화와 벤처기업의 육성으로 한국경제의 탈출구를 찾으려는 경제 관료의 시도가 후자의 모습이다.

그런데 소위 말하는 대권주자들과 이들을 부추기는 일부 언론은 이러한 전환기적 위기상황에 아랑곳하지 않는 것 같다. 이들의 태도를 보면 마치 국민을 위하여 대권주자가 존재하는 것이 아니라, 대권주자를 위하여 국민이 존재하는 것 같은 착각이 일어난다. 그것은 그들에게 현재의 위기에 대한 심각한 고민과 번뇌보다는, 본인만이 무조건 대통령이 되어야 한다는 유아독존적 태도, 세대교체, 수평적 정권 교체 등 국민의 인기에 영합하는 화려한 수사의 남발이 더 앞서 있기 때문이다.

더구나 일부 언론을 보면 차기 대통령 선거를 인기가수 톱텐(Top Ten)을 뽑는 방송프로와 혼동하고 있는 것이 아닌가 하는 생각마저 든다.

도대체 뒤질세라 경쟁적으로 발표되는 대선후보 예상자에 대한 여론조사 결과와 방송사의 인기가수 발표 순위가 그 현상성과 말초성에서 무엇이 다른가.

정도를 걷는 언론이라면 1998년부터 2002년까지 21세기의 서두를 여는 차기 대통령의 역할이 무엇이며 어떤 사람이 적격자인가에 대하여 국민적 대토론 분위기 조성에 노력해야하는 것 아닐까?

현재의 전환기가 우리에게 얼마나 중요한가. 이 전환기에 대하여 혹자는 국민 1인당 소득 10,000불을 넘어설 때 나타나는 마의 장벽이라고 표현하기도 하고, 또는 그동안 정치적 민주화를 이루어낸 과정에서 불가피하게 감수해야 하는 경제적 피해라고 표현하기도 한다. 어떻든 현재의 전환기는 우리 사회가 구각을 깨고 선진사회로 진입하는 과정에서 수반되는 진통이다. 어린아이가 성년이 되는 과정에서 어김없이 치르게 되는 홍역이라고나 할까.

그런데 매우 걱정스러운 것이 하나 있다. 그것은 우리가 이 전환기를 슬기롭게 극복할 수 있느냐의 문제이다. 왜냐하면 한국사회의 역동성에 신뢰를 갖는다고 하더라도 현재 우리가 놓여 있는 주·객관적 상황이 사상 유례에 없는 악조건이기 때문이다. 주지하다시피, 우리나라의 눈부신 경제성장의 원동력은 일사불란한 개발독재, 경공업에서 중공업으로의 성공적인 산업구조 조정, 냉전체제하에서 미국의 반공의 첨병인 한국에 대한 아낌없는 경제지원이었다. 그런데 지금은 상황이 상전벽해처럼 변했다. 문민정부가 들어선 이래 정치적 민주화가 급속하게 진행되어 옛날 같은 권위주의적 독재는 상상할 수 없는 일이 되었으며, 그 사실은 작년 연말의 노동법 및 안기부법 날치기 통과에 대한 전 국민적 반대에서도 여실히 드러났다. 또한 우리나라의 중공업은 후발공업국의 치열한 추격에 의하여 정체를 면치 못하고 있으며, 공산권이 붕괴된 지금 미국이 반공을 이유로 우리나라에 대하여 일방적으로 경제적인 지원을 해 주기를 기대하기는 어렵다. 따라서 이제 우리는, 정치적 민주화에 걸맞는 '자율과 책임'의 효율적인 사회운영시스템을 구축하고, 중공업에서 첨단산업으로 새롭게 산업구조를 조정하여, 냉전체제 붕괴 이후 격화되고 있는 세계자본 간의 치열한 경쟁을 자신만의 힘으로 이겨나가야 한다. 다시 말하면 우리에게는 종전과 질적으로 전혀 다른, 너무나 힘겹고 어려운 과제가 놓여 있는 셈이다.

따라서 국민의 한 사람이고, 자발적으로 누구보다도 국가에 대하여 더 많은 책임을 떠맡겠다고 나서는 차기 대통령 후보들은 이러한 과제해결에 어떻게 일조할 것인가를 고민하고 그 방안을 제시하여야 할 것이다. 그리고 국민들은 그들 중에서 누가 그간의 행적과 역경에 비추어 그러한 과제 해결에 적격자이며, 5년이라는 짧은 임기 동안 자신이 해야 할 역할을 정확히 설정하고 있는가에 따라 선택하여야 한다.

현실에 운명을 걸고 있는 국민들의 냉철한 선택은 믿어 의심치 않지만, 과연 후보들이 국민의 기대에 얼마나 부응할 것인지 자못 궁금하다.

『전북도민일보』 1997. 4. 18.

한보사건의 근원

한보사건과 개혁정부

한보철강에 대하여 5조 7천억 원이라는 천문학적인 금액을 부실 대출한 한보사건은 개혁정부임을 자부하던 김영삼 대통령의 4년간 치적을 한순간에 무색하게 만들어 버렸다.

'재임 기간 중 한 푼의 돈도 받지 않겠다.'던 대통령의 공언은 점심 약속을 하루에 세 차례씩 하면서 수십억 원의 떡값을 챙기던 장학로 청와대 비서관의 행태에서부터 틈이 생기기 시작하여 한보그룹의 정태수 회장으로부터 거액을 받은 가신 중의 가신이라는 홍인길 의원의 행태에 이르러서는 파탄에 직면하게 되었다. 거기에다가 설상가상으로 대통령의 차남이 정태수 회장의 아들들과 어울리면서 한보그룹을 비호해 왔다는 의혹이 강력히 제기되고 있다.

현 정부 출범 초기부터 개혁과 부정부패 척결을 앞세우고 지난 4년간의 임기 내내 서슬 퍼런 사정이 지속되어 왔기 때문에 대통령의 인척과 측근들의 이러한 부정부패는 국민들에게 분노와 함께 심한 허탈감과 좌절감마저 안겨주었다.

국민들은 그동안 80년대와 90년대 초반의 내일을 알 수 없는 벼랑 끝의 격돌과 대립, 내전을 방불케 하는 최루탄과 화염병 시대가 정치적 민주화를 이루어낸 소중한 시기였다고 위안하고, 90년대 중반의 끊임없는 사정과, 금융, 토지, 교육, 법조 등 제 분야에서의 개혁이 실시되면서 혼란에 혼란이 거듭되는 상황에서도 정치적 민주화에 발맞추어 경제적·사회적 민주화를 이루어내고 있는 진통이라고 낙관을 버리지 않았다. 그러나 이제 한보사건에 이르러서는 격돌과 대립, 혼란의 끝이 과연 있을지 두려움까지 느끼고 있다.

더구나 한보사건은 현 정부의 부정부패사건에 그치지 않는다.

따라서 그 문제의 심각성과 파장도 더 크다. 제 1야당 총재의 분신이라는 권노갑 부총재가 한보그룹의 정태수 회장으로부터 거액을 받은 혐의로 구속 수감된 사실은 부정부패가 현 정부에 국한되지 않고 국정의 감시자이자 견제자인 야당에까지 광범위하게 확산되어 있음을 단적으로 보여주었다.

국민들은 대안에 대한 꿈과 희망마저 박탈당한 셈이다.

뿐만 아니라 현 정부가 충분한 자금조달 능력과 제철소 운영 경험이 있는 현대그룹의 제철소를 건설하려는 노력을 제철설비 과잉과 국가경쟁력 저하라는 거창한 명분하에 무산시키면서 자체자금 동원 능력도, 제철소 운영경험도 없는 한보그룹에는 5조 7천억 원을 금융지원 해왔다는 사실은 정치논리가 경제논리 위에 철저하게 군림해 왔음을 백일하에 드러냈다. 그리고 그 결과는 얼마나 참담한가.

그뿐만이 아니다. 한보그룹의 정태수 회장은 전임정부인 노태우 정부하에서 수서비리라는 전대미문의 사건을 일으켜 구속 수감된 범죄전력이 있고, 현 정부하에도 전직 대통령의 비자금을 관리하여 준 사실로 구속 수감이 된 적이 있는 사람인데도 현직 대통령의 최측근들과 제 1야당 총재의 분신이 그와 함께 어울리면서 거액을 받고 정태수의 사기에 가까운 사업을 비호해 왔으니 그들의 도덕적 불감중과 몰양심에 아연실색할 따름이다.

한보사건의 근원과 대책

이러한 사태의 근원은 무엇인가? 현상적으로 본다면 정치권의 부정부패가 원인이라고 할 수 있다. 그러나 국가가 누란의 위기에 처한 지금 정치권의 부정부패의 원인은 무엇인가라는 근본적인 의문을 제기할 필요가 있다.

그것은 정치논리가 경제논리에 앞서고, 그 결과 정치권력이 기업과 금융기관의 생사여탈권을 쥐게 되고, 기업과 금융기관은 생사여탈권을 쥔 정치권력에 아부하거나 기생할 수밖에 없는 구조적 상황이 만들어낸 사생아이다. 따라서 정치논리와 경제논리의 균형, 정치권력과 경제권력의 균형이 가장 시급한 과제이다. 그리고 이러한 과제의 달성은 정치적 민주화를 내실화하면서 정치적 민주화에 걸맞는 사회적·경제적 민주화를 이루어내는 끈질기고 집요한 각고의 노력을 통해서만 이룰 수 있다. 다행히 신임 고건 총리는 취임 첫 일성으로 각종 경제규제의 철폐와 완화를 내세우고 있다. 이러한 노력이 사회·경제적 민주화의 첫걸음이 될 것인지, 위기의 순간을 넘기려는 또 하나의 임기응변이 될 것인지 이제는 많은 사람이 쉽게 믿지 않고 지켜보고 있을 것이다.

『전북도민일보』 1997. 3. 19.

지방화 시대와 지역 언론

　지방화 시대가 만개한 지금 지역주민에게는 기회와 위기가 동시에 다가오고 있다. 시도의회와 기초의회가 출범한 지 5년 6개월, 시·도지사와 시장·군수가 주민직선으로 선출된 지 1년 6개월 가까이 시간이 경과되면서 주민자치는 역류할 수 없는 커다란 흐름이 되었다. 특히, 그동안 임기의 거의 절반을 마친 자치단체장들은 마치 기업의 사장처럼 내부적으로는 행정의 효율성을 확보하고 대외적으로는 중앙정부의 지원 획득과 고향상품의 판촉을 위하여 눈코 뜰 새 없이 분주한 나날을 보내왔다. 그것은 치열한 자유경쟁의 논리가 자치행정에서도 엄숙한 현실이 되었기 때문이다. 따라서 부패하고 무능한 자치행정, 시행착오를 반복하는 자치행정, 무사안일하고 낙후된 자치행정은 지역사회를 깊은 침체의 나락으로 빠뜨리고, 청렴하고 유능한 자치행정, 시행착오로부터 교훈을 얻는 자치행정, 창의적이고 진취적인 자취행정은 지역사회를 번영과 도약으로 이끌어간다. 그리고 그렇고 그런 무난한 자치행정도 지금과 같은 빠른 변화와 발전의 시대에는 결국은 지역사회를 정체와 침체로 이끈 책임을 면치 못한다. 공자가 말한 '學書如泝急流(학문의 수행은 급류를 거슬러 올라가는 것과 같아 조금도 게을리해서는 안 된다.)'의 원리가 학문뿐만 아니라 자치행정에도 적용되는 셈이다.

그런데 지방화 시대에 있어서 주민자치는 단순히 자치행정에 국한되지 않는다. 주민자치는 자치행정뿐만 아니라, 교육, 문화, 시민운동 등 전반적인 분야에서의 주민 자신에 의한 지역사회 운영방식을 말한다. 따라서 우수한 인재를 양성하여 지역사회에 배출하고 첨단의 인문사회과학과 자연과학기술을 연구하여 지역사회에 전수하는 교육, 지역주민의 도덕적 품격과 예술적 소양을 드높이는 문화, 지역사회의 부를 증가시키는 산업, 자치단체와 기업 등을 주민 전체의 공익적 관점에서 비판·감시하고 대안을 제시하는 시민운동 등이 함께 어울려야 진정한 주민자치의 알찬 수확을 기대할 수 있다.

그렇다면, 지방화 시대에 있어서 지역 언론의 역할은 무엇인가? 언론은 보통 세 가지의 기능을 가지고 있다고 말해진다. 첫째는 개인에게 의사형성과 표현의 기회를 부여함으로써 개성신장의 수단으로서의 기능을 갖는다. 둘째, 사회구성원 상호 간에 의사접촉을 가능하게 하고 여론 형성을 촉진시킴으로써 사회통합의 수단으로서의 기능을 갖는다. 셋째, 국가권력의 창설과 행사에 대한 여론을 형성하고 표현함으로써 국가권력에 대한 비판적인 통제수단으로서의 기능을 갖는다. 따라서 지역 언론 역시 마찬가지로 지역주민의 개성신장과 지역사회의 통합, 지역권력에 대한 비판적 통제의 기능을 갖는다.

그런데 이러한 역할은 주민자치에 있어서 가장 핵심적인 역할의 하나가 아닐 수 없다.

왜냐하면 주민자치의 성패는 주민자치의 주체인 지역주민의 각성과 분발이 원동력이 되어, 자치행정, 교육, 산업 등 모든 부분이 지역발전과 번영에 어떻게 힘을 모으느냐에 달려 있기 때문이다. 또한 자치단체를 비롯한 자치행정에 대한 엄정한 비판과 통제는 청렴하고 유능하며 창의적이고 진취적인 자치행정을 만들어가는 가장 빠른 길이기 때문이다.

그동안 우리 지역의 언론은 영세한 언론 자본, 낮은 보수와 열악한 근무조건, 보수적이고 폐쇄적인 지역사회 분위기에도 굴하지 않고 지역사회를 선도하여 왔다. 지역발전과 침체의 기로에 서 있는 지방화 시대에서 다시 한 번 우리 고장 언론인들의 분투를 기대하여 본다.

『전북도민일보』 1996. 11. 23.

2부

신문기사

진봉헌을 주목하라

민주당 정책위 활동 주목 속…
진봉헌 부의장 역할도 관심사

    민주당이 오는 6·4지방선거를 대비해 정책기능을 더욱 강화할 것으로 알려진 가운데 당내 정책위의 역할에 시선이 쏠리고 있다.
    특히, 도내에서는 진봉헌 전 전북지방변호사회 회장이 지난해 11월 정책위 부의장으로 임명되면서 정책위의 활동에 대해 관심이 모아졌던 것.
    1일 민주당 중앙당에 따르면, 지방선거가 5개월여 앞으로 다가온 가운데 각종 정책과 여론에 대한 중요도가 높아가면서 정책위의 향후 적극적이고 보다 능동적인 활동이 요구되고 있다는 것이다.
    그동안 당의 정책위는 정치적으로 의견을 표명하거나 국가 전체적 시각에서 정책 방향을 설정하고 국민을 위한 새로운 정책을 발굴해내는 것이 주된 임무였다.
    그러나 이제 지방선거 국면에서는 공약개발은 물론이거니와 선거 승리를 위한 실질적 대안 업무도 도맡아야 한다. 그만큼 정책위의 역할이 중차대하다는 게 당 관계자들의 설명이다.

이에 김한길 대표와 전병헌 원내대표 등 지도부 입장에서는 장병완 위원장을 필두로 도내 출신의 진봉헌 부의장 등 정책위에서 주요 보직을 맡은 인사들에 대한 기대감을 높여가고 있는 상황이다.

진봉헌 부의장은 "그동안 국민의 실생활에 직접 도움이 되는 정책개발을 하기 위해 노력해 왔다. 당내 을지로위원회의 대기업 횡포 시정 노력이 그중 대표적인 활동이라 할 수 있다."면서 "앞으로 당의 요구가 있는 만큼 이제는 지방선거 승리를 위한 정책개발에 포커스를 맞춰가겠다."고 말했다.

『전라일보』 2014. 1. 1.

전주 항소법원 설치 준비 순항

국회 원 구성이 8일 종료됨에 따라 수면 아래 있던 항소법원 설치가 가시화될 전망이다.

항소법원 설치에 적극적인 민주당 우윤근 의원이 법제사법위원장에 선임됐으며 법제사법위원회가 지난 5월 전북지방변호사회를 통해 진봉헌 변호사에게 '항소법원 설치 시 개정하여야 할 관련 법률의 축조 연구' 용역을 맡겨 최종보고서가 국회의 홈페이지에 등재돼 있는 등 준비 작업이 순조롭다.

이와 함께 지난 2월 25일 「항소법원 설치의 필요성과 과제」라는 주제로 국회에서 토론회를 주최한 한나라당 이주영 의원과 민주당 이춘석 의원도 법제사법위원회의 위원으로 연임, 항소법원 설치에 탄력을 더할 것으로 예상된다.

한편 국회 법제사법위원회가 전주에서 활동 중인 진봉헌 변호사에게

용역을 맡긴 것은 이례적인 일로 항소법원 유치를 위한 지방변호사회 간사와 사법개혁제도추진위원회 실무위원(차관급)으로 활동한 경력 등을 고려해 우윤근 의원이 추천한 것으로 알려졌다.

『새전북신문』 2010. 6. 14.

진봉헌 고법 전주부 환원 추진위원장 선출

　전라북도 지방변호사회는 지난달 말 2009년 제2차 이사회에서 진봉헌 변호사를 '광주고등법원 전주부 환원 및 존속을 위한 취진위원회(가칭)' 위원장으로 선출했다고 23일 밝혔다.

　지방변호사회는 이날 추진위원회를 본회 차원의 공식기구로 설치키로 결의하고 위원장 선출을 집행부에 일임키로 했으며, 집행부는 진 변호사를 위원장으로 선출했다고 밝혔다.

　진 위원장은 "전주고등재판부 증설을 위한 범도민 비상대책위원회의 방침과 방식을 전폭적으로 지지하며 후원해 나갈 것"이라며 "향후 약간의 방식이 다를지라도 대화를 통해 지역발전에 도움이 될 수 있도록 적극 추진해 나갈 것"이라고 강조했다.

『전북도민일보』 2009. 3. 24.

새만금사업 대법원 승소 '일등공신'

진봉헌 변호사, 도내 법조인 최초 소충·사선문화제 향토봉사 부문 수상

"그저 맡은 일을 충실히 해냈을 뿐인데… 이런 영광스러운 상을 받을 줄은 미처 예상하지도 못했습니다. 앞으로 제가 할 수 있는 일이라면 무엇이든지 해야지요."

지난 7일 도내 법조인으로는 최초로 46회 소충·사선문화제에서 국가와 지역발전에 기여한 공로를 인정받아 향토봉사 부문 본상을 수상한 진봉헌(51) 전 전라북도변호사회 회장의 소감이다.

먼저 진 변호사가 이 같은 상을 수상하게 된 배경에는 남다른 지역사랑에서 비롯된다.

특히 지역의 최대 현안이었던 새만금사업이 10여 년이 넘도록 답보상태를 보이자 전북지방변호사회 변호사들과 의기투합, 새만금 소송의 무료공동변호인단을 구성해 최종적으로 대법원에서 승소판결을 이끌어내는 데 공헌을 한 것이다.

무엇보다 지난 1996년부터 전주고등법원유치추진 집행위원장을 맡아 10년여간 끈질긴 유치운동을 전개해 2006년 3월 초 광주고법 전주부와 광주고검 전주지부를 개원하는 데 일등공신이 된 것도 또 다른 수상의 배경이라 할 수 있다.

결국 최근까지 연간 1,500여 건의 항소사건을 전주에서 처리하도록 함으로써 도민들의 항소사건 처리에 시간·경제적으로 막대한 도움을 주게 했다.

이와 함께 진 변호사는 지난 98년 전북도 규제개혁공동위원장과 2001년부터 맡은 전북도 노사정협의회 부위원장을 지내며 민-관협력사업에 적극 동참해 각종 규제개혁과 노사평화에 이바지한 점도 높이 평가받은 것으로 알려졌다.

이에 대해 진 변호사는 "광주 고등법원 전주부가 원외재판부로 위상이 격하되고 재판부 증설이 미뤄져 전북 도민의 재판청구권 행사에 많은 지장이 초래되고 있는 상황에서 이 같은 상을 수상한 것을 매우 안타깝게 생각하고 있다."면서 "광주 고등법원 전주부가 제자리로 원상회복되고 재판부를 증설하는 데 앞으로 최선의 노력을 기울이겠다."고 밝혔다.

한편, 진 변호사는 지난 81년 전주지방법원의 판사를 시작으로 전북도 고문변호사, 전북지방변호사회 회장, 노사정협의회 부위원장을 역임했으며 정치권에서는 민주당 중앙법률구조자문단장 및 인권특별위원장을 맡아오고 있다.

『전라일보』 2008. 10. 13.

진봉헌 변호사, 전주고법 유치운동 공로
소충·사선문화제 향토봉사 부문 본상 수상

진봉헌 전 전북지방변호사회 회장이 지난 4일 제46회 소충·사선문화제에서 국가와 향토발전에 기여한 사람에게 주어지는 향토봉사 부문 본상을 수상하는 영예를 안았다. 법조인 출신이 향토봉사와 관련한 상을 받은 것은 매우 드문 일이다.

진 전 회장은 지난 1996년부터 전주 고등법원유치추진 집행위원장을 맡아 10년여간 끈질긴 유치운동을 전개, 광주고등법원 전주부와 광주고등검찰청 전주지부를 개원하는 데 크게 기여한 공로를 인정받았다.

또 지난 1997년부터 IMF외환위기 때 대량으로 배출된 실업자의 구제를 위해 전북 시민·사회단체를 총망라해 전북 실업자 종합지원센터를 창립한 후 대표이사로서 활발하게 실업자 지원활동을 전개하는 한편 도내 교육개혁과 교육자치를 위한 시민연대 상임대표로 교육개혁 작업에도 앞장서 왔다.

지난 2005년 전북지방변호사회 회장으로 선임된 후에는 새만금 소송의 무료공동변호인단을 구성, 최종적으로 대법원에서 승소판결을 받는 데 지대한 공헌을 했다.

진 전 회장은 수상소감에서 "광주고법 전주부가 원외재판부로 위상이 격하되고 재판부 증설이 미뤄져 도민의 재판청구권 행사에 많은 지장이 초래되고 있는 상황에서 수상한 것이 매우 안타깝다."며 "모두 힘을 모아 광주고등법원 전주부로 원상회복하고 재판부를 증설하는 데 총력을 기울이겠다."고 말했다.

『전북도민일보』 2008. 10. 8.

당 위상 세우기 책임 막중

진봉헌 변호사, 민주당 전대 선거관리위원 임명

'총선 본선의 고지는 밟지 못했어도 당내 위상은 끄떡없다.'

18대 총선에 통합민주당 공천 신청을 했다 중도 탈락했던 진봉헌 변호사가 민주당의 새 지도부 선출 준비를 위한 막중한 책임을 맡았다.

대통합 민주신당과 통합하기 전에도 원 민주당 중앙당과 전북도당에서 각종 주요 직책을 맡아오며 탁월한 능력을 발휘해 왔던 진 변호사가 이번에는 통합 이후 처음으로 치러지게 되는 전당대회 선거관리위원회 위원으로 임명됐다.

민주당은 30일 열린 최고위원회의에서 앞으로 있을 당 대표 경선과 최고위원 선거, 원내대표 선거 등 당직 선거업무 전반을 관리하기 위한 중앙당선거관리위원회를 구성했다.

이날 회의에서 구성된 중앙당선거관리위원장에는 박기춘, 신학용, 최규식 의원 등이 각각 임명된 것을 비롯, 10명의 위원 중에는 도내에서 유일하게 진 변호사가 위원으로 임명됐다.

진 변호사는 지난해 대선을 전후로 원 민주당 중앙당에서 법률지원단장을 맡아 당의 각종 법률 관련 문제를 진두지휘해 온 인사로 잘 알려져 있는가 하면 전북도당의 법률고문을 시작으로 중앙당 쇄신특별위원회 위원에 임명돼 당의 변화를 위한 선봉에 앞장서 왔다.

특히 진 변호사는 지난해 9월 대통합 민주신당의 '민주신당' 약칭 사용금리 가처분신청을 법원으로부터 이끌어내고 그 결과로 인해 대통합 민주신당이 결국 당헌의 당명 규정에서 약칭 당명의 대목을 삭제하기로 결정을 내리게 하는 등 헌정 사상 최초로 정당의 당명 사용을 금지시킨 장본인으로 세간의 관심을 받기도 했다.

『전라일보』 2008. 5. 1.

진봉헌 변호사 26년 만에 한 푼다

진실화해위, 시위경력 때문에 사시 면접 탈락 복권 권고

학생시위경력 때문에 사법시험에 합격하고도 면접에서 탈락했던 진봉헌 변호사(51) 등 10에게 진실규명 결정이 내려졌다. 이에 따라 진 변호사 등 4명의 현직 법조인 이외 한인섭 서울대 법대 교수 등 6명의 경우 뒤늦게 법조계에 합류할 수 있는 기회가 주어질 전망이다.

진실화해위원회는 최근 제 54차 전원위원회를 열어 '제23회·24회 사법시험 면접탈락사건' 신청인들이 국가 권력에 의해 중대한 인권침해를 받은 사실을 확인했다고 20일 밝혔다.

화해위는 이에 따라 "국가는 두 차례에 걸쳐 사시에 불합격시킨 위법 행위에 대해 피해자들에게 사과하고, 피해와 명예회복을 위해 불합격 처분 취소와 사법연수원의 입소 기회를 부여하는 조처를 취하라."고 권고했다고 덧붙였다.

진 변호사는 성균관대 법학과 졸업 이듬해인 1981년 23회 사시에 응시, 1·2차 필기시험에 합격했지만 3차 면접시험에서 탈락했고, 그다음해 24회에서도 면접에서 불합격됐다.

화해위 조사 결과 이는 국가정보원의 전신인 안기부에 의해 당시 시위전력이 확인되거나 시위로 인해 처벌을 받은 이들을 무조건 탈락시키도록 방침을 내린 때문으로 드러났다. 진 변호사의 경우 재학 시절 '성대 아카데미'라는 대학 동아리 생활을 하던 중 재단 측의 캠퍼스 이전 계획을 저지하기 위한 시위를 벌이다 학교 측으로부터 무기정학 조처됐다. 그는 결국 한 달 만에 다시 복학할 수 있게 됐지만 안기부에 의해 시국 관련 시위 전력자로 낙인 찍혀 빈번히 탈락의 고배를 마셔야만 했다.

이에 따라 진 변호사는 쌍용그룹 종합 조정실에서 3년가량 근무하다 다시 사시를 준비, 1986년 28회 시험에 합격해 수원지방법원 판사로 법조계에 입문했다. 이어 전주지법 판사 등을 거쳐 1994년부터 변호사로 활동하고 있으며 전북지방변호사회 회장 등을 역임했다.

한편 진 변호사 외에 이 같은 이유로 사시에 불합격된 이들 가운데 진석진, 하봉희, 남영찬 씨 등은 1984년과 1986년 다시 응시해 합격했다.

하지만 한입섭 서울대 법대 교수와 정진섭 한나라당 국회의원, 신상한 한국산업은행 기업금융 4실 총괄팀장, 조일례 한국은행 법규실장, 박연재 KBS 목포방송국장, 황인구 SK가스 성규개발팀장 등 6명은 탈락해 각기 다른 길을 걸어왔다.

『새전북신문』 2007. 9. 21.

광주고법 전주부 설치 '일등공신'

진봉헌 변호사 대한변호사협회 공로상 수상

　대한변호사협회(회장 천기홍)는 26일 전 전북지방변호사회 회장을 역임한 진봉헌 변호사에게 변호사협회 발전에 기여한 공로를 치하하기 위해 공로상을 수여한다.
　수원지법과 전주지법에서 6년간 판사로 재직했던 진 변호사는 지난 1994년 전주에 법률사무소를 개설한 후 변호사 업무 외에도 적극적인 공익활동을 전개해 왔다.
　특히 1996년부터 전주고법유치추진위원회 위원장을 맡으면서 10년간의 끈질긴 노력 끝에 지난해 3월 도민의 염원이던 광주고법 전주부와 광주고검 전주지부를 설치하는 데 일등공신의 역할을 한 점은 진 변호사의 가장 큰 업적으로 평가되고 있다.

이로 인해 도내지역은 연간 1,000여 건의 항소사건을 전주에서 처리할 수 있게 됨으로써 50억 원 이상의 지역자금 유출을 막게 됐다.

또한 2005년부터 수도권이 아닌 지역법조인으로서는 유일하게 사법제도개혁추진위원회의 실무위원으로 참가, 국민을 위한 합리적인 법률개선에 노력해 오면서 도내 법조계의 위상을 드높였다.

이와 함께 전북지방변호사회장직을 수행하던 2005년 새만금소송의 무료공동변호인단을 구성해 대법원 승소판결을 이끌어냄으로써 전북발전의 교두보를 마련한 대표적인 인물로 꼽히고 있다.

이번 공로상 수여에 대해 진봉헌 변호사는 "처음 법률사무소를 개소할 당시 '서민의 벗'이 되겠다는 결심을 했고, 그 후 지역사회의 요청이 있는 일에는 가능한 참여해 온 것이 오늘의 영광을 가져왔다."며 "앞으로도 저를 필요로 하는 일에는 적극적으로 동참하겠다."고 밝혔다.

『전민일보』 2007. 2. 26.

민주 전주시장 후보 '비효율 사업 폐지'

　진봉헌 민주당 전주시장 후보는 15일 "5·31 선거에서 시장에 당선되면 전문가들의 정확한 진단을 통해 비효율적인 사업은 과감하게 폐지하겠다."고 말했다.

　진 후보는 이날 도의회 브리핑 룸에서 가진 기자회견에서 "행정관료 출신의 재선시장이 8년간 전주시정을 이끌었지만 부채는 수백억 원 늘어나고 재정자립도는 73.8%에서 36%로 떨어지는 등 성적표가 너무 초라하다."며 이같이 말했다.

　진 후보는 "과다한 부채로 전주시는 갈수록 재정 압박을 받고 있어 다른 사업 추진에도 많은 지장을 받고 있다."고 밝혔다.

　그는 대구보다 더운 전주와, 아파트 분양가 폭등, 35사단 토지 활용 졸속결정 등을 전주시의 '7대 실패행정'으로 지적하고 이를 시정하기 위해 전주시의 각종 위원회 회의록을 공개하는 한편 민원 사전심사청구제도를 도입하고 투명한 발주시스템을 구축하겠다고 강조했다.

『연합뉴스』 2006. 5. 16.

민주당 진봉헌 전주시장 후보 본격 선거운동 시작

진봉헌 전주시장 후보(민주당)는 9일 오전, 시내버스를 직접 이용하며 전주시내 대중교통 현장점검 활동에 나서, 서민들과 학생들의 시내버스 이용 편의와 개선점에 대해 의견을 수렴했다.

진봉헌 후보는, 이날 아침 출근 시간에 송천동에서 시내 오거리까지 시내버스를 이용하며 출근길 시민과 학생들과 대화를 나누며 시내버스 이용 불편사항을 집중적으로 파악했다.

현장에서 제기된 시민들의 불편사항은 주로 현 시내버스 환승체계에서 비롯된 것이 많았다. 시민들은 우선 현재 시내버스 환승 시간이 30분 이내로 제한된 점과 환승 횟수 또한 1회로 제한된 점에 불편을 제기하며 환승 시간과 횟수를 개선해 줄 것을 요청했다. 또한 동일 노선에서는 시내버스 환승을 못하게 돼 있는 점도 불편사항으로 지적됐다.

진봉헌 후보는, 이날 현장에서 파악한 시내버스 이용객들의 불편사항을 수렴해 시내버스 환승체계에 대한 보완책을 마련, 앞으로 시정 정책에 반영하겠다고 밝혔다.

『데일리안』 2006. 5. 12.

친환경 개발·끝물막이 성공 올인

새만금 승소… 대립 종지부

대법원이 '새만금 사업계획 취소 청구 소송'에서 환경단체 측의 상고를 기각하고 원고패소 판결한 원심을 확정한 것과 관련, 전북 출신 국회의원을 비롯한 중앙정치권은 환영한다는 입장을 밝혔다. 특히 정치권은 대법원의 판결을 존중한다며 새만금 간척 사업의 합법성과 정당성, 필요성을 법원이 인정한 것이라고 강조했다.

도내 출신 국회의원 가운데 유일하게 재판 과정을 지켜본 채수찬(전주 덕진)의원은 재판부 판결 직후 "10년 이상 논란을 벌여온 국책사업의 정당성과 필요성을 법원이 다시 한 번 확인해 준 것"이라며 "이제는 개발이냐, 환경이냐를 놓고 논란을 벌일 때가 아니라 친환경적 개발을 공동 목표로 추신해 나가야 한다."고 말했다.

장영달 의원은 논평을 통해 "전북발전을 위해 모든 도민이 하나 되어, 싸우고 노력했던 결실이 드디어 오늘의 승리를 이끌어낸 것"이라며 "환경문제에 더 깊은 관심과 노력을 기울여 친환경적인 개발 사업으로 모범적인 선례를 남기도록 최선을 사해야 할 것"이라고 강조했다.

강봉균 의원은 "찬반논란에 종지부를 찍고 여·야·민·관 모두 힘을 합쳐 새만금 개발에 박차를 가해야 한다."고 말하는 등 도내 의원 모두가 대환영했다.

이와 함께 여야 각 중앙당에서도 새만금사업 계속 추진에 환영 입장을 밝혔다. 열린우리당은 성명을 통해 "새만금 소송에 대한 대법원의 기각 판결은 새만금 간척 사업의 합법성과 당위성을 인정한 것"이라며 "난공사인 방조제 끝막이 공사가 차질 없이 성공적으로 진행되길 기대한다."고 말했다.

민주당은 "이번 대법원 판결로 15년간 이어져온 사업논란에 종지부를 찍고 새만금 사업에 활력제가 되고 새 전북건설에 기폭제가 됐다."며 "새만금 사업은 서해안 시대를 열고, 새 전북을 건설하겠다는 200만 전북 도민들의 염원"이라고 강조하며 환영의 입장을 밝혔다. 한나라당도 즉각 "새만금 사업, 친환경적으로 차질 없이 추진되어야 한다." "새만금 사업 추진 재개로 전라북도를 포함한 호남지역 전반의 획기적인 발전이 기대 된다."며 "앞으로 남은 사업추진 과정에서도 환경단체 등의 의견도 최대한 수렴하는 등 총화체제를 구축해야 한다."고 당부했다.

그러나 민주노동당은 "엄청난 환경 재앙이 예고되고 경제적 손실마저도 막대할 것이라는 주장이 있음에도 대법원이 정부의 옹색한 경제논리에 손을 들어준 것은 납득하기 어렵다."는 등 일관적인 반대 입장을 보였다.

'40여 명 변호인단 무료변론에 감사'

"도민 최대 숙원인 새만금 사업이 대법원 상고심에서 승소한 것에 대해 지난 2년간 변론을 맡아온 변호인단의 한 사람이자 변호사회 회장으로서 매우 기쁩니다." 광주고법 전주부 개원과 새만금 승소라는 큰 업적을 남기게 된 전북지방변호사회 진봉헌 회장은 "이 자리를 빌려 새만금 소송에 아낌없는 변론과 지원을 해 준 전북지방변호사회 회원들에게 머리 숙여 감사드린다."고 승소에 대한 소감을 밝혔다.

『전라일보』 2006. 3. 17.

고법 유치 앞장선 진봉헌 변호사

전북지방변호사회 진봉헌 회장은 2일 개원식을 가진 광주고법 전주부 설치의 일등공신 가운데 한 명이다.

1995년 '고법유치추진위원회'가 구성된 뒤 집행위원장을 맡아 공청회와 범도민서명운동 입법 청원운동을 주도했다.

진 회장은 "유치 운동을 처음 시작했을 때만 해도 가능성 없는 일이라며 냉소적인 분위기가 팽배했다."며 "10여 년의 노력이 마침내 결실을 보았다는 점에서 감회가 남다르다."고 말했다.

그는 고법 전주부 설치에 따른 효과로 도민들의 불편 해소와 50억 원 안팎에 이르는 소송비용 절감, 사법 분야에서 지역분권 실현 등을 들었다.

그는 특히 "고법이 설치돼 있지 않다 보니 도민들이 항소심 재판을 포기할 수밖에 없는 경우가 적지 않았다."며 "이런 점에서 고법 전주부 설치는 헌법에 보장된 국민의 재판받을 권리가 실질적으로 보장됐다는 데 가장 큰 의미가 있다."고 설명했다.

『연합뉴스』 2006. 3. 14.

전북지방변호사회 새만금 승소 대환영

　전북지방변호사회(회장 진봉헌)가 새만금 소송 정부 승소를 환영하며 조속한 공사 완료를 촉구했다.
　새만금 소송 승소에 있어 일등공신이라 해도 과언이 아닌 전북지방변호사회는 새만금 사업이 단순한 국책사업이 아니라 전북의 미래를 밝혀줄 획기적 전환점으로 보고 그동안 무료 변론을 맡아왔다. 특히 전북지방변호사회는 지난 2003년 7월 새만금소송 전라북도 변호인단(대표 김성길, 차종선, 진봉헌, 김영, 황선철, 문현주, 김학수 등 40명)을 구성하는 등 변협 사상 유례없는 변호인단 구성이 이뤄졌다. 변호인단은 이 기세를 몰아 지난 2004년 1월 29일 서울고등법원으로부터 새만금 사업에 대한 집행정지처분의 취소판결을 얻어내 새만금공사추진에 힘을 실었다. 또한 지난 21일 서울고법의 승소판결에서도 '새만금매립면허취소신청거부처분취소신청'을 기각시킴으로써 새만금사업에 가속도를 붙였다. 차종선 변호사는 "이번 판결을 계기로 무의미한 논쟁을 종식하고 환황해권 선점을 위한 새만금의 내부개발에 모든 역량을 모으자."고 강조했다.

『전라일보』 2005. 12. 22.

찬바람 불 때 더 제맛 나는 시원하고 담백한 복지리

몸에는 좋지만 탈도 많은 복어. 그래서 복어에 얽힌 이야기도 참 많다. 중국 북송의 시인 소동파는 '먹고 죽을 만큼 맛있다.'며 목숨과 바꿀 만한 최고의 맛이라고 극찬했고, 일본의 도예가이자 미식가인 키다오치 로산친은 '복탕은 서너 번만 먹으면 그 맛의 노예가 된다.'며 묘하게 끌어당기는 복탕의 신비한 맛을 표현했다.

전북지방변호사회 회장을 맡고 있는 진봉헌 변호사(49)는 찬바람이 불 때 더 제맛 나는 복어요리를 즐긴다. 그는 수많은 복요리 가운데서도 맑은 탕국의 복지리를 즐기는 '복지리 애찬주의자'.

"복어 지느러미에서 우러나오는 담백하면서도 시원한 국물, 그게 제맛이죠."

매운 양념을 넣지 않은 허연 국물의 복지리탕은 겉보기에는 복어와 미나리, 콩나물뿐이지만 고단백질에 당질, 칼슘, 인, 철분, 비타민 A 등이 풍부해 보양 음식으로 꼽힌다.

특히, 복지리는 메티오닌과 타우린 같은 성분의 함량이 높아 간의 해독작용을 높이고 숙취의 원인인 아세트알데히드를 제거하는 효과가 뛰어나 주당들이 인정하는 최고의 해장 음식.

"주당요? 그 대열엔 끼지도 못하지만, 술 한잔하고 해장하는데는 그만한 음식도 없는 것 같습니다. 하지만 건강을 생각해 별미로 즐기죠. 게다가 복어가 요즘 제철이 아니겠습니까?"

사시 28회로 89년 사법연수원 수료 후 수원지법에서 초임 판사 재직 시절, 복요리를 처음 접했다는 그는 15년 넘게 그 맛에 빠져 있다.

복지리를 최고의 음식으로 뽑은 그는 미식가로 불릴 만하지만, 그렇다고 특별한 음식만을 고집하지 않는다. '먹기 위해 사는 것이 아니라 살기 위해 먹는다.' 우스갯소리처럼 들릴지 모르지만, 이 짤막한 말 한 마디에는 그의 '음식 지론'이 숨어 있다. 일에서 만큼은 철저함과 냉정을 잃지 않지만, 음식 앞에서는 늘 소탈하기 때문이다. 바깥일로 바쁜 아내(김영숙 예원예술대 교수)를 그 이유로 돌렸다.

"(혼날 텐데…) 아무래도 집에서 끼니를 때우기 힘들다 보니까 외식을 많이 하게 되죠. 사실 아내 음식 솜씨도 좀 그렇고, 아무튼 밖에서 먹는 음식은 다 맛있는 것 같아요."

가끔 가족과 함께 양식이나 고기를 먹는 것 빼고는 주로 한정식집을 찾거나 얼큰한 콩나물국밥이나 영양 만점의 비빔밥을 즐긴단다.

건강 비법 중 또 하나는 운동 후 과일 섭취. 저녁 식사를 마치고 나서 1시간가량 동네 산책이 습관이 된 그는 사과나 귤, 감 등 좋아하는 과일로 부족한 영양분을 채우고 하루를 마친다.

『전북일보』 2005. 12. 9.

진봉헌 변호사회장 사개추위 회의 참석

'1도 1로스쿨'을 요구하는 목소리가 갈수록 커지고 있는 가운데 사법개혁추진위원회 실무위원을 맡고 있는 진봉헌 전북지방변호사회 회장이 오는 9일 열리는 차관급 실무회의에 참석한다.

이번 실무회의에서는 형사소송법 개정안과 함께 로스쿨 도입 방안 등이 상정될 예정이어서 진 회장의 역할에 상당한 기대가 모아지고 있다.

진 회장에 따르면 사개추위는 9일 예정된 차관급 실무회의에서 형사소송법 개정안과 국민의 사법참여를 위한 배심, 참심 혼용 특별법, 로스쿨 도입방안, 재정신청 전면확대 등 4가지 방안을 상정할 방침이다.

진 회장은 이 자리에 실무위원회 민간위원 자격으로 참석, 형사소송법 개정안 등을 심의한다.

특히 이날 실무회의에서 사개추위는 개별 로스쿨의 학년당 정원을

150명 이내로 하되 총 입학정원이나 로스쿨 숫자는 사개추위에서 따로 결정하지 않는 방안을 내놓을 방침이어서 진 회장이 '1도1로스쿨 유치 당위성'에 대해 어떤 목소리를 낼지 귀추가 주목되고 있다.

한편 사개추위는 검찰의 반발을 불러온 형사소송법 개정안 확정안은 사실상 연기키로 했다.

『전북도민일보』 2005. 5. 7.

소외층 법률구제 활성화

진봉헌(陳鳳憲) 변호사가 전북지방변호사회 제26대 회장으로 선출되었다.

"경제가 어려워지자 형사 사건에서 국선변호인 선임률이 크게 늘었습니다. 가난하고 소외받는 이들을 위한 법률구제를 활성화하겠습니다."

그는 "변호인들의 경쟁력을 높이기 위해 실무 전문가들을 모시는 월례 연수프로그램을 만들고, 법원·검찰·대학과도 교류하면서, 업계 자정을 위한 윤리위원회도 활발히 운영하겠다."고 했다.

고법 전주지부 유치에 이어 로스쿨 전북 유치도 그가 발벗고 나서려는 과제. 학생시위를 주도했던 그는 81년 사시 면접에서 탈락한 뒤, 회사에 취직했다가 86년 합격, 수원·전주지법 판사를 지냈다. 흥사단 전주지부장도 맡고 있다.

『조선일보』 2004. 12. 22.

법조계 신뢰 향상에 최선

전북지방변호사회 신임 진봉헌 회장

　고등법원 전주지부 유치에 가장 큰 힘을 쏟아왔던 진봉헌 변호사가 제26대 전북지방변호사회 회장으로 선출됐다.
　전북지방변호사회는 20일 전주코아리베라 호텔에서 열린 제58차 정기총회에서 제26대 회장으로 진봉헌 변호사를, 부회장으로 진태호 변호사를 각각 선출했다.
　신임 진 회장은 이날 취임사에서 "변호사의 직역확대와 권익보호에 힘쓰는 등 법조계의 공익성과 신뢰도를 향상시켜 나아가는 데 최선을 다하겠다."며 앞으로의 각오를 피력했다.
　진 회장은 또 "도민들의 법률 구제 기능을 강화시켜 나가는 것이 무엇보다도 중요하다."며 "이를 위해 피의 신문 시 변호인 입회권이 실질적으로 보장되도록 노력하겠다."고 말했다.

이 밖에도 진 회장은 "변호사 업계의 자정기능을 강화하기 위해 윤리위원회를 활발히 운영해 나가는 동시에 도민들의 법률 구제 기능을 한층 강화시켜 나가는 데 주력하겠다."고 강조했다.

신임 진봉헌 전북지방변호사회 회장은 전라고와 성균관대 법대를 나와 수원지법, 전주지법 판사 등을 거쳐 지난 94년 변호사로 나선 뒤 전북도 변호사 등을 맡고 있다.

『전북중앙신문』 2004. 12. 21.

도내 현안사업 물꼬 트는 계기 되길

고법 재판부 설치되면 사법서비스도 한층 개선될 것

"수년에 걸친 도민들의 노력이 결실을 맺게 돼 기쁩니다. 전주지부 유치가 산적해 있는 도내 현안사업 해결의 물꼬를 트는 계기가 되길 바랍니다."

지난 9일 광주고법 전주지부 설치가 확정되기까지 일등공신으로 꼽히는 진봉헌 광주고법 전주지부 유치위 공동집행위원장의 소감이다.

대법원의 결정에 대해 고법지부 설치 움직임에 대한 단순한 변호사 단체의 주장이 아닌 도민들의 염원으로 인식했기 때문이라는 진 변호사는 "고법지부 유치가 그동안 소극적으로 냉소적인 시각에 함몰돼 있던 도민들이 긍정적이고 도전적인 모습으로 바뀌는 계기가 되길 바란다."고 말했다. 진 변호사는 "오는 2006년 전주지법에 고법재판부가 설치되면 고등부장판사 등 고위 법관과 고검검사 등이 상주하게 되고 자연스럽게 사법서비스도 개선될 것이다."면서 "변호사 업계도 침체 일로를 벗고 새로운 시장을 창출하는 등 경제적인 효과도 적지 않을 것으로 기대된다."고 내다봤다.

진 변호사는 이어 "그동안 빈번히 유치가 좌절될 때마다 오히려 새롭게 각오를 다졌으며 고법지부 유치를 계기로 변호사 등 도내 법조계도 보다 더 전문성이 있는 선진법률 서비스와 도민들에게 경제적, 시간적으로 실질적인 혜택을 줄 수 있도록 노력하겠다."고 피력했다.

"전주고법의 설치는 현 정부가 국가적 목표로 내세우고 있는 지방분권을 실현하기 위한 단초"라고 말하고 있는 진 변호사는 "고법지부 유치라는 결실을 맺을 만큼 도민들의 역량을 한데 모으고 이를 지역 발전의 밑알로 삼는 등 '일석이조'의 효과도 기대할 수 있다."고 말했다.

진 변호사는 "전주고법 유치 논의는 지역 이기주의가 아닌, 도민들의 삶의 질과 직결되는 당면과제에서 비롯된 것"이라며 "무엇보다 그동안 새만금사업 이상으로 각계에 고법지부 설치 논의를 확산시킨 지역정치권과 도민들에게 영광을 돌리고 싶다."고 말했다.

『전북중앙신문』 2004. 7. 27.

전주고법 유치 자축

　광주고법 전주지부 유치를 축하하는 도민환영대회가 26일 전주 리베라호텔에서 강현욱 지사와 도내 국회의원·시장·군수 등 250여 명이 참석한 가운데 열렸다.

　강현욱 지사는 이 자리에서 그동안 고법 전주지부 유치에 역량을 결집했던 전북 도민들 모두에게 감사패를 수여해야 하지만, 특히 진봉헌 변호사와 김삼룡 전(前) 전북애향운동본부장, 송기태 전주상공회의소 회장 등 13명에게 노고의 감사패를 수여한다고 치하했다. 또 이날 고법 전주지부 유치에 공헌한 채수찬·최규성 의원 등 도내 국회의원과 대법관을 포함한 13명에게 공로패가 수여됐다.

『매일전북』 2004. 7. 27.

'고법 유치 지역발전 원동력'
200만 도민에게 빛이 된 쾌거

도민 환영회 400여 명 참석… 공로·감사패 등 전달

"2백만 도민이 함께 이뤄낸 쾌거입니다. 진정한 지방분권의 시작입니다."

2백만 전북 도민의 숙원사업이었던 광주고등법원 전주지부 유치를 축하하는 '도민 환영회'가 26일 오전 11시 전주 코아리베라호텔 백제홀에서 성대하게 열렸다.

전북도와 애향운동본부(총재 임병찬), 일등도민운동추진자원봉사단 체협의회(공동대표 송기태·유유순)가 주최한 이번 행사에는 도 단위 기관장을 비롯해 국회의원·시·군 자치단체장·언론사 대표·전북지방변호사회 등 각계각층에서 활동하고 있는 4백여 명의 지역인사들이 대거 참석해 고법 전주지부 유치를 자축했다.

특히 전북도와 애향운동본부 등에서는 고법지부 유치에 크게 기여한 정치권 주요인사와 고법유치추진위원회 핵심 관계자 등에게 각각 공로패와 감사패를 전달했다. 공로패는 채수찬·이광철·최규성 국회의원 등이, 감사패는 진봉헌·김승환 고법유치위 공동위원장과 차종선 전북지방변호사회 회장이 각각 받았다.

강현욱 도지사는 환영사에서 "고법지부 설치는 법조인만의 숙원사업이 아닌 2백만 도민의 자존심이 걸린 문제였다."며 "이번 유치는 장기간 계획을 세워 놓고 추진해 나가면 된다는 자신감을 심어준 계기가 됐다."고 의미를 부여했다.

임병찬 애향운동본부 총재는 축사에서 "캄캄한 어둠 속에서 좌절과 실의에 빠진 2백만 도민에게 빛이 된 쾌거"라고 축하한 뒤 "소외와 홀대 등으로 인해 패배감에 젖어 있던 도민들의 자존심을 다시 세우고 산적해 있는 현안을 추진하는 큰 원동력이 됐다."고 평가했다.

『전북도민일보』 2004. 7. 27.

대법원 이중 잣대·정치권 비협조로 낭패

전주고법 설치법안 왜 무산됐나
서울 4개 지방법원은 승격 처리 부당 인한 정치력 분산도 원인

도민들이 지난 10여 년 동안 키워온 '전주고법의 꿈'이 깨졌다.

17일 열린 국회 법사위 법안심사 소위(위원장 함승희)에서 상정된 전주고법설치법안이 심의유보됐기 때문이다. 심의유보란 곧 '법안폐기'를 의미한다.

다시 말해 전주고등법원의 꿈은 완전히 깨진 것이다

이날 국회 법안심사소위에서의 '전주고법설치법안 심의유보 결정'은 크게 두 가지의 원인을 되짚어 볼 수 있다.

원칙적인 실패 원인은 대법원에 있다.

이번 법안심사소위에 대법원은 서울 4개 지원을 지법으로 승격하는 관련 법안을 상정했다. 이 법안의 상정 이유 역시 '원거리소송에 따른 지역주민의 불편해소'가 골자였다.

전주고법설치법안 역시 광주까지의 원거리소송으로 전북 도민들이 재판받을 권리를 침해당하고 있고, 지방분권의 정착, 지역경제 활성화 등을 이유로 내세웠다.

하지만 대법원은 거부의사만 거듭했다.

이를 놓고 도내에서는 대법원이 전북 도민의 목소리보다 서울 시민의 목소리에 귀를 기울였다는 비난을 토해내고 있다. 심지어 '대법원은 이중 잣대를 가진 사법부의 심장'이라는 표현까지 나돌고 있다.

도민들은 현역의원 등 정치인들의 비협조도 한 원인으로 꼽았다.

전주고등법원 설치 결정은 현행법상 최종적으로 국회에서 마무리된다. 마지막 수순이다. 다시 말해 정치권의 절대적인 지원 없이는 관련법안 통과는 어려운 게 현실이다.

유치위 관계자들이 기회가 있을 때마다 국회의원들의 협력을 촉구했던 것도 이 같은 맥락에서다.

도내 정치권은 현재 두 갈래로 나눠져 있다. 민주당과 우리당으로 정치력이 분산돼 있어 전주고법설치법안의 국회 법안심사소위에 결집된 정치력을 발휘하기란 시기적으로 어려운 상황이다.

도민들은 정치인들에게 전북이란 한가족으로 알고 민의를 맡겼었다. 하지만 이들은 자신에게 '국회의원'이란 직업을 준 사람이 곧 원거리소송으로 불이익을 받아온 유권자라는 인식을 가졌었다면 전주고법 관련 법안 국회 심의과정에 이 같은 태도는 보이지 않았을 것이라 여겨진다.

하지만 고법 관련 불씨는 완전히 꺼진 것이 아니다.

법원행정처 이공현 차장이 이날 소위에서 "내년도 대법관회의에 광주고법 전주지부 설치규정을 마련, 상정하겠다."고 답변했다.

    진봉헌 전주고법유치위 공동위원장은 "고법과 관련한 문제는 2004년으로 완전히 매듭을 짓겠다는 각오로 막판 총력전을 펴겠다."며 "이제는 더 이상 정치권에 기대지 않고 도민의 힘으로 이뤄내겠다."고 강조했다.

『전북도민일보』 2003. 12. 18.

전주고법 유치 관련법 촉구
진봉헌 변호사 — 조배숙 의원

전주고법유치위 진봉헌 변호사와 국회 조배숙 의원은 5일 국회 김기춘 법사위원장을 방문, 지난 7월 21일 발의돼 현재 법사위에 계류 중인 '각급법원설치와 관리구역에 관한 법률 중 개정법률안'을 조속히 심의 및 통과시켜줄 것을 요구했다. 진 변호사와 조 의원 등은 이날 법사위원장을 면담한 자리에서 "전주고법유치는 전북 도민들의 최대 숙원사업 가운데 하나로서 전북 도민들의 헌법상 보장된 재판청구권을 보장하여 대한민국 국민 누구나가 동등한 법률서비스를 받을 수 있도록 해야 한다."면서 "지방분권과 국가균형발전이 제대로 수행되기 위해서라도 전주고법은 시급히 유치되어야 한다."고 요구했다. 또 지난 1997년 '늦어도 2002년이나 2003년까지는 최소한 전주에 광주고법 지방부 설치가 필요하다고 판단된다.'고 한 법원행정처장의 공식 발언을 소개하고 이

약속이 꼭 지켜져야 한다고 촉구했다. 한편 이 자리에는 대전고법 청주지방부 유치를 위해 청주경실련 사무처장과 참여자치 전북시민연대의 김영기 사무처장이 함께 참석했다.

『새전북신문』 2003. 11. 6.

전주지부 명분 – 실리 충분

국가균형발전 – 항소 40% 이상… 유치 필요

광주고법 전주지부 설치 문제가 광주고법 및 전주지법 등에 대한 법원 국정감사에서 집중 거론됐다.

이날 광주고법 등 법원에 대한 국정감사에서 첫 질의자로 나선 민주당 조배숙 의원은 "지난 7월 의원발의 형식으로 '각급 법원의 설치와 관할 구역에 관한 법률중개정법률안'이 국회 법사위에 회부되어 현재 계류 중에 있다고 소개한 후 현재 실추된 사법부의 권위를 회복하고 지방분권화에 따른 국가 균형발전이라는 대통령의 국정과제를 달성하기 위해서라도 전주고법은 시급히 유치되어야 한다."고 강조했다.

특히 조배숙 의원은 지난 97년 안용득 법원행정처장이 국회 답변에서 "늦어도 2002년이나 2003년까지는 최소한 전주에 광주고법지방부 설치가 필요하다."고 답변한 내용을 소개하고 지난해 1년 동안 광주고법 전체 항소 건수 가운데 1천88건이 전주지법 관내 사건으로 전체 건수의 40.8%를 차지하고 있다고 지적했다.

조배숙 의원은 이로 인해 전북 도민들이 광주고법에서 재판을 받기는 너무나 많은 장애 요인들이 있어 헌법에 보장된 재판청구권을 행사하기가 곤란해 아예 포기해 버린 경우가 다반사로 속출하고 있다고 말했다.

조배숙 의원은 이 밖에도 광주고법 전주지부 미설치로 전북에서는 향토법관제가 법관 단명의 폐해로 나타나고 있고, 연간 50억 원 이상의 지역자금 유출 등 광주고법 전주지부 설치의 시급성을 재차 강조했다.

이어 한나라당 심규철 의원도 지난 4월 광주고법 전주지부 유치를 위한 공청회에서 전북대 김승환 교수가 발표한 자료를 인용, 지난해 전주지법 사건 중 광주고법의 항소 대상 사건은 1천917건이었으나 광주고법에 접수된 전북 관내 사건 1천88건에 불과해 항소 포기율이 무려 43%(829건)에 이른다고 지적했다.

김기춘 위원장과 조배숙, 심규철 의원 등 국회 법사위 의원들은 오는 9일 대법원 대회의실에서 열릴 예정인 대법원국정감사에서 광주고법 전주지부의 설치 문제를 재론, 대법원의 입장과 향후 대책에 대해 집중 토론하겠다고 밝혀 향후 귀추가 주목되고 있다.

『전북중앙』 2003. 10. 2.

전주고법 빨리 설치하라

평등원칙 · 재판청구권 보장 등 헌법정신 위배
당위성 논리 개발도 도민 공청회서 제기

 전북에 고등법원을 두지 않는 국가 행위는 '국민생활의 균형있는 향상'을 기하라는 헌법적 명령을 무시한 위헌적 행위인 만큼 조속한 시일 내 고법 유치가 이뤄져야 한다는 주장이 제기돼 관심을 모으고 있다.
 김승환 전북대 교수(법학과)는 14일 전북대 삼성문화회관에서 광주고법 전주지부 유치추진위원회(공동위원장 김삼룡 · 신건 · 김대현 · 송기태)가 주최하고 지방분권운동 전북본부(상임대표 김의수)가 후원한 가운데 개최된 '광주고법 전주지부 유치와 지방분권을 위한 도민공청회'에서 이같이 밝혔다.
 이날 도민공청회에는 강현욱 도지사 · 유철갑 도의회 의장 · 두재균 전북대총장·김삼룡 전북애향운동본부 총재·송기태 전주상공회의소 회장·차종선 전북지방변호사회 회장 등 도내 각급 기관장 및 단체장과 대학생·시민 등 200여 명이 참석해 광주고법 전주지부 조기 유치를 염원했다.

김 교수는 이 자리에서 「전주고등법원 설치 주장의 헌법적 근거」란 제목의 주제발표를 통해 "전북에 고등법원을 설치하지 않는 것은 어떤 헌법적 논거를 동원하더라도 정당화될 수 없으며, 지역경제를 육성할 의무를 국가가 도외시한 처사"라고 주장했다.

또 "전주 고법 유치는 일반적 평등원칙과 재판청구권 보장, 지방분권의 실현, 인근 지자체로의 영속화 방지 등을 위한 헌법적 요청"이라고 당위성을 제시했다.

강윤호 변호사(전 제주지방변호사회장)도 「광주고법 제주부 설치 경위」라는 주제발표에서 "고법 지부 유치는 구체적 논리개발과 함께 범도민 차원의 유치 추진운동이 뒷받침돼야 한다."고 들고 "지방분권의 연장 선상에서 고법 지부유치를 희망하는 지자체들과 유대를 강화, 공동 청원하는 방안도 모색돼야 한다."고 밝혔다.

이어 토론자들은 "지방분권과 국가균형발전은 참여정부의 최우선 국정 과제로, 이 같은 차원에서 고법 지부 유치는 더 이상 미룰 수 없는 전북의 최대 현안 과제인 만큼 정부가 서둘러 결단을 해야할 것이다."고 입을 모았다.

『전북도민일보』 2003. 4. 15.

도민-정치권 함께 고법 유치 노력해야

광주고법 전주지부 유치위 진봉헌 공동집행위원장

 "지난 97년 대법원 행정처장이 국회에서 고법지부 설치를 약속했지만 지금까지 못 지킨 것은 전북 도민과 국회를 모독한 것이라는 사실을 절대 잊지 않길 바라며 올해도 그 약속이 이행되지 않는다면 모든 공직으로부터 퇴진할 각오로 전북정치권이 분발해 주길 바란다."

 광주고법 전주지부 유치위원회 진봉헌(46·변호사) 공동집행위원장은 오는 14일 전북대 삼성문화회관 건지아트홀에서 열리는 '광주고등법원 전주지부 유치와 지방분권을 위한 도민 공청회'를 통해 고법 유치를 위한 도민들의 의지 결집이 가일층 확산될 것이라는 확신 속에서 정치권의 분발을 촉구하고 나섰다.

 특히 고법 유치를 통해 새 정권이 들어선 올해가 그동안 전북의 역차

별을 만회하고 도민들에게 법률적 서비스를 개선할 적기라는 것이다.

지난 95년 전북지방변호사회 소속 변호사들을 중심으로 벌였던 전주고법유치추진위 구성과 '100만인 서명운동'의 핵심 자리에 서 왔던 위원장은 지역 법조인으로서 도민들에게 한층 높은 법률 서비스를 제공하지 못해 안타까웠다고 말한다.

진 위원장은 무엇보다 광주고법 전체 항소 건수의 40.1%를 전북에서 '차지함에도 불구하고 항소를 위해 광주를 수시로 드나들어야만 했던 경제적 손실과 시간, 거리상의 이유로 항소를 포기하는 경우까지 늘어 도민들이 엄청난 불이익을 받아왔다는 것을 고법유치의 당위성으로 제시하고 있다.

진 위원장은 "전북 출신 국회의원들이 국회 입법청원을 해서라도 고법을 위치해야 한다는 공감대가 형성된 상황"이라며 "도민과 정치권 모두가 한마음 한뜻으로 '안 되면 될 때까지'한다는 자세로 최선을 다해 또다시 5년을 맞이하는 일이 없도록 최선의 유치 노력을 강구하겠다."고 피력했다.

『전라일보』 2003. 4. 12.

희망의 새 정치 번영의 새 천년
당당한 젊음의 큰 걸음 주목하라

조직활성화 박차 집권여당 신바람 불어넣는
국민회의 전북도지부 청년위원회 진봉헌 위원장

 집권여당에 젊은 바람이 불고 있다. 지난 8월 25일 출발한 새 정치국민의 전북도지부 청년위원회는 탄탄한 조직력 강화와 내실 있는 활동을 강조하며 총선 필승을 다짐하고 있는 것. 여당 지역 청년조직으로는 가장 늦게 출발했지만 조직력이나 활동력에 대한 객관적인 평가는 대구청년위와 함께 1, 2위를 다툴 만큼 돋보이는 활약상을 보여주고 있다. 특히 최근 이종찬, 이인제 씨 등 거물급 정치인 초청 정치토론회를 개최한 데 이어 김근태, 노무현 부총재 초청 강연회도 예정하는 등 중앙당 차원의 집중적인 지원 사격도 이어지고 있다.
 "총체적 국가개혁은 새 천년의 시작이자 이 시대의 사명입니다. 이제 명실상부한 집권여당의 젊은 조직 청년위원회는 바람직한 청년활동을 선도하고, 당 기반을 확충하여 능력 있고 참신한 개혁세력이 국민정당에 참여하고 국가발전에 일익을 담당하는 초석을 다지고자 합니다." 전북 청년위원회 진봉헌 위원장은 자신감이 넘치는 어조로 침착하게 활동 청사진을 그려나가고 있다.

명실상부한 여당 만들기 한몫

새정치국민회의 청년위원회의 활동은 크게 참신하고 개혁적인 인재발굴과 양성 그리고 지역발전을 위한 정책 수립 나아가 한국정치 발전 토대 구축에 뜻을 두고 있다.

"새 천년을 주도하는 젊은 인재양성에 최선을 다하겠습니다. 지구촌 시대 무한경쟁 대열에서 세계의 젊은이들과 당당히 어깨를 겨루고 4천만 전 국민의 염원인 동서회합과 남북통일을 이루기 위해서는, 참신하고 역량 있는 젊은 인재를 발굴·양성하고 힘을 모아야 할 때입니다. 우리는 각계각층의 젊은 일꾼들과 폭넓은 교류를 통해 건전한 비판을 겸허히 받아 안고 현실참여를 유도하여 지역과 국가 발전의 일익을 담당하는 명실상부한 여당 만들기에 앞장서고자 합니다." 진봉헌 위원장의 다부진 약속이다. 그는 또 청년위원회가 중심이 되어 "부패추방과 신뢰사회의 구축에 앞장서는 선봉장이 될 것"도 다짐한다.

전문가 그룹 대거 참여 적극 활동

참신하고 개혁적인 젊은 인재양성과 21세기 새로운 정치문화 창조를 위한 청년위원회의 노력은 탄탄한 구성원들의 면면에서 엿볼 수 있다.

진봉헌 위원장과 함께 부위원장으로 강석인, 김용모, 김재규, 박근호, 박지현, 박창식, 서민화, 서해표, 송경규, 윤병호, 이승희, 이청웅, 임익성, 임채왕, 정몽준, 최영열, 최원재 씨 등이 주도적인 참여와 활동을 약속하고 있다. 또 분과위원장으로 이병노(조직), 정설청(정책), 이석환(홍보), 손주경(대외협력), 김봉섭(협력), 유재석(농어민), 김 규(사회복지), 최수경(여성), 박성진(교육), 문용회(노동), 정종명(환경), 오삼생(정보과학), 선기현(문화예술), 장태영(총무) 씨가 왕성한 활동계획을 세우고 있다. 회원들을 대표해 진 위원장은 꾸준한 활동과 돋보이는 성과를 장담하고 있다. "정책정당의 책임있는 대안을 제시하는 지역일꾼이 되겠습니다. 민주화와 정의실현을 위한 청년들의 열정이 살아 숨 쉬는 지역정서를 바탕으로 집권 여당의 정책을 연구 개발하겠습니다."

청년아카데미 · 열린 정치포럼 운영도

젊은 인재 발굴 육성, 부패 추방 의식 개혁, 집권 여당 정책 개발, 정치 발전 토대 구축을 활동 목표로 삼고, 왕성한 행보를 보여주고 있는 청년위원회는 지난 8월 25일 전주덕진예술회관에서 성황리에 발대식을 치른 뒤 9월 22일 전주사회복지시설 방문, 10월 1일 전주고법 설치 촉구 성명서 전달(전주지법 국정감사장), 10월 16일 벼베기 일손돕기 봉사활동(전주시 반월동), 10월 19일 국민대화합을 위한 등반대회(내장산, 대구광역시 청년위공동주최), 10월 30일 제1기 청년아카데미 개설, 11월 7일 도내 지구당 청년위원회 합동등반회 및 환경캠페인(모악산 주변) 개최 예정 등 순조로운 항해를 거듭하고 있다.

오는 11월 3일에 진 위원장이 직접 상경 중앙당 청년위원회(위원장 정한용)와 신당창당 준비위 청년위원회(위원장 정동영) 연석회의에 참여하여 신당참여 문제를 진지하게 논의할 예정이다. 또한 청년위원회는 부정부패 추방운동 본부 결성, 열린 정치포럼 운영, 제2기 여성 제3기 전북총협 등을 대상으로 한 위탁교육 실시, 사회복지시설 정기방문, 新대학문화 만들기 운동 지원, 전 회원 E-mail 보유 운동 전개, 홈페이지 개설 및 상시 관리 체제 구축, 영호남 청소년 한마당 잔치개최 아파트 공동체 문화 가꾸기, 지구당 청년위원장 모임 활성화 등도 준비하고 있다.

『전북일요시사』 1999. 11. 7.

실업자종합지원 전북센터 개소식

취업알선·복지지원·각종 상담 등 서비스 제공

실업극복국민운동위원회 실업자 종합지원 전북센터 개소식이 15일 오후 전북도 2청사 강당에서 열렸다.

전북센터는 기존 전북실업자민간지원센터를 인력보강 및 운영시스템 체계화를 통해 확대한 것으로 실업 극복국민운동위원회의 실업자종합지원센터 지역설치 운영방침에 따라 서울 및 경남 창원지역과 함께 새 출범하게 됐다.

전북센터는 앞으로 실업자들에게 고용정보제공 및 취업알선·복지지원과 각종 상담 및 부당노동행위 구제, 쉼터이용 등의 종합적인 원-스톱 서비스를 제공할 계획이다.

또한 현재 전북일보사와 공동으로 추진 중인 '희망의 카드' 사업은 '실업자 종합카드'로 확대 실시한다.

  진봉헌 대표는 "정부가 제공하는 혜택에서 제외된 실직자들에게 도움을 주기 위해 재출범하게 됐다."면서 "구호사업의 사각지대를 해소하고 종합적인 서비스를 실직가정에 제공하는 등 실업문제를 정부와 다른 차원에서 추진해 나갈 계획"이라고 강조했다.

                                                              『전북일보』 1999. 4. 16.

도민 실생활에 도움 주는 조례안 제·개정 적극 참여

6대 도의회 고문변호사 위촉된 진봉헌 변호사

"도의회가 만들고 고치는 각종 조례안 등이 합법적이고 실현가능하며 도민의 실생활에 흡수되도록 도의회와 함께 노력하겠습니다."

3일 제6대 전북도의회 고문변호사로 김진억 의장의 위촉장을 받은 진봉헌 변호사(42세)는 이 같은 포부를 밝히고 본격적인 활동에 들어갔다. 도의회 고문변호사 제도는 6대 의회 출범 이후 도의회 사무처에 법제담당관실이 신설되면서 본격 도입됨에 따라 진 변호사는 최초의 의회 고문변호사가 되는 영예를 안았다. 진 변호사는 이에 따라 "책임이 무겁다."고 밝히고 "최우선작업으로 도의회가 마련할 예정인 저소득층과 실업자 대책 특별위원회 구성을 위한 조례 제정에 적극 참여하겠다."고 밝혔다.

진 변호사는 또 "도내에서 일어나는 각종 도의회 민원 사항에 대해 중재에 나서 도의회 차원의 법률 서비스를 펼치겠다."고 약속했다. 진 변호사는 성균관 법대를 나와 지난 86년 제28회 사법고시에 합격, 수원지방법원과 전주지방법원에서 94년까지 판사로 근무했다.

『전라매일』 1998. 11. 4.

15대 국회의원에게 바란다 '전문성 높여라'

정치 분야에서도 전문가 시대는 개막되었는가?

이러한 질문은 구문(舊聞)에 속한다. 지금은 이미 전문가 시대의 새벽이나 여명이 아니다. 해는 중천에 떠 있다. '정치 분야에서도 전문가 시대는 벌써 본격화되었다.'는 이야기이다. 전문가 시대에는 관록이나 연륜, 서열이 통하지 않는다. 치열한 경쟁 속에서 실력 있는 사람만이 살아남는다. 3선, 4선의 중진의원들이 전문기업인 출신의 정치신인들에게 밀려 늦가을바람에 우수수 낙엽 지듯이 낙선한 4·11총선결과는 이 땅의 정치에도 전문가 시대가 성숙하였음을 극명하게 보여주었다. 뿐만 아니라 초선의원 138명 중 29.7%가 의사·언론인·법조인·교수 등 전문직 출신이고, 27.5%가 전직관업인 및 자영업자 출신이라는 객관적 통계는 우리가 정치 분야에서도 전문가 시대의 한복판에 살고 있음을 확연히 깨닫게 해주고 있다.

본격화된 정치의 전문가 시대에 '국정과 의정활동의 전문성을 높이라'는 주문은 이미 국민의 희망사항이나 요구사항이 아니다. 그것은 정치인 자신의 생존과 발전이 걸린 절대명제일 뿐이다. 앞으로 4년간 전문가가 되지 못한다면 다음 16대 국회에서 동료의원들과 함께 의사당을 공유할 것을 기대하기는 어렵다.

수년 전 유수한 재벌의 총수가 경제에 비하여 훨씬 뒤떨어진 정치의 낙후성을 한탄한 적이 있었다. 그는 우리나라가 아닌, 중국에서 그러한 취지의 발언을 하였다. 그런데 그러한 발언의 내용과 장소, 그 후의 경과는 우리나라 정치의 낙후성뿐만 아니라 야만성을 적나라하게 보여준 셈이 되었다.

언로가 개방된 민주사회에서 얼마든지 할 수 있는 평범한 이야기를 국내에서는 못하고 외국에서나 겨우 하고, 정치권의 눈치를 보면서 늦장을 부리며 귀국해서는 뒤탈이 없을까 전전긍긍하는 광경은 우리나라 정치가 얼마나 권위주의적이고 강압적이며 폭력적인가를 한 편의 잘 만든 영화처럼 실감나게 보여주었다. 더구나 기업인들로부터 수천억 원의 비자금을 조성한 두 전직 대통령의 범죄에 이르러서는 부끄러워 할 말이 없다.

그러므로 국정과 의정활동의 전문성을 높이기 위해서는 우리나라 국회의원들을 포함한 정치인들에게 무엇보다도 가장 중요한 것은 공복정신(公僕精神)이다. 공복정신은 주권자인 국민의 하인답게 자신의 노동으로 주권자인 국민에게 봉사하고 그 대가로 녹을 받는다는 정신 자세이다. 그리고 군림하는 자세, 권위적인 태도, 모리배적 행태를 버려야 한다.

두 번째로는 민족과 국가의 장래에 대한 통찰과 식견을 갖추어야 한다. 최근의 중국과 대만 간의 무력시위, 우리나라의 동도사태와 판문점 사건에서도 보여지듯이 우리나라의 주변 정세는 국민 모두가 정신을 바짝 차리지 않으면 안 될 긴박한 상황이다. 또한 세계는 첨단과학과 기술의 시대, 고도의 정보화사회로 치닫고 있다. 따라서 우리 민족의 생존과 발전을 주도면밀하게 이끌어갈 국정과 의정활동의 주역이 필요하다.

세 번째로는 출신 지역구의 지역문제에 정통한 전문가가 되어야 한다. 국정수행과 지역발전은 동전의 양면과 같은 불가결한 관계에 있다. 각 지역이 모이면 국가가 된다는 단순한 양적인 문제뿐만 아니라 경제발전, 농촌문제, 노동문제 교육문제 등 모든 국가대사가 국민 한 사람 한 사람의 일상적인 생활의 요구로부터 출발한다는 질적인 문제에서도 그렇다. 올해 어떠한 작물을 경작해야 할지 고민에 고민을 거듭하고 있는 지역구의 평범한 농민의 고뇌에 함께 부딪치지 않는 농촌문제 해결의 비법이 나오지 않듯이, 어떠한 국가대사도 지역 주민의 삶의 절실한 요구와 직결되지 아니한 것이 없다. 따라서 중앙에서 얼마나 중요한 일을 하느라고 분주한지는 모르지만, 선거 때에나 지역구에 얼굴을 내미는 거물급 국회의원은 전문가 시대에는 자격 미달이다.

끝으로 전문가로서의 품위와 자긍심을 지킬 줄 알아야 한다. 보스를 따라 줄서기를 하거나 보스로부터 눈도장을 찍히는 데 분주한 전문가는 없다. 전문가는 자기 직업의 양심에 따라 행동할 뿐이다. 너무 요망사항이 많은가. 국민의 기대가 그만큼 높고, 국회의원의 책무가 그만큼 크기 때문이다. 부디 국회의원들이 국정과 의정활동의 전문성을 높이고, 그 결과 정치의 수준이 크게 높아져 정치인이 경제인에게 정치에 비하여 현저히 낙후된 경제를 탓하는 날이 오길 바란다.

3부

▌대담

전주시, 창조적 자립도시로 성장해야

전주시, 창조적 자립도시로 성장해야

진봉헌 민주당 정책위원회 부위원장

전북지방변호사회 회장을 지낸 진봉헌 법무법인 제일 대표변호사가 지난 10월 16일 민주당 중앙당 정책위원회 부위원장에 임명되었다. 전북주간현대가 창간 4주년을 맞이하여 진 부위원장을 만나 부위원장에 임명된 소감과 전주에 대한 생각 등을 들어보았다.

인터뷰어   민주당은 그동안 당이 어려울 때 묵묵히 민주당을 지켜온 점을 높이 평가해 부위원장이라는 중책을 맡겼다. 민주당의 새로운 정책 방향은 무엇이라 생각하는가

진 변호사   2006년 5월 전북지방변호사회 회장을 사퇴하고 민주당에

입당한 후 전략공천을 받아 민주당 전주시장 후보로 출마하였다. 비록 낙선을 했지만 짧은 선거 기간에도 불구하고 약 35%의 득표를 하여 선전했다는 평가를 받았다. 그 이후에는 일관되게 민주당 당적을 유지하면서 중앙당 법률구조단장과 인권위원장을 역임하였다.

민주당과 열린우리당이 합당한 이후에는 중앙당 법률위원회 부위원장을 역임했고, 2012년 대선에서는 문재인 대통령 후보 조직특보를 역임했다. 이러한 점들이 정책위원회 부의장으로 임명된 배경이 아닌가 생각된다. 대선 패배 이후 민주당의 지도부가 교체되었고, 현 지도부는 수권정당으로서의 신뢰감과 안정감을 갖추고 국민의 실생활에 직접 도움이 되는 정책개발을 하기 위하여 부단하게 노력하고 있다.

을지로위원회의 대기업 횡포 시정 노력이 그중 대표적인 활동이다. 진정이 접수되면, 국회의원들과 법률위원회 소속 변호사들이 합동하여 현지조사를 하고, 중재를 하며, 필요한 경우 국회 상임위원회에서 청문회를 개최하고 후속 입법지원 활동도 하고 있다.

인터뷰어 진 회장은 그동안 전북지역에서 광주고법 전주부 유치와 새만금 관련 소송 승소 등 적극적인 지역사회 참여 활동으로 주목받아 왔다. 그동안의 활동에 대해 스스로 평가한다면?

진 변호사 나는 70년대 학생운동 세대로서 사회에 대한 책임감이 지나칠 정도로 강하다. 내가 지역사회의 현안에 적극적으로 참여하는 이유이기도 하다.

내가 광주고법 전주부 유치와 새만금 관련 소송 승소에 적극적으로 참여한 것 외에도 1997년 IMF 외환위기 시에는 전북실업자종합지원센터 대표이사로서 실업자 구제에 적극적으로 나섰고, 2000년대 초반 교육계의 무능과 비리에 대한 원성이 높을 때에는 전북 교육개혁과 자치를 위한 시민연대 상임대표로서 교육개혁운동에도 참여했다.

돌이켜보면, 실속 없이 바보처럼 살았다는 생각도 든다. 그러나 내 대학 서클 후배들 중에는 민주화운동 과정에서 목숨을 잃은 사람도 있고, 민주화운동과 노동운동에 투신했다가 사회생활에서 뒤처져 힘들게 살아가는 사람도 많다. 다 자기가 좋아서 한 것이므로 아쉬움을 갖지 않고 항상 감사하는 마음으로 살아가고 있다.

인터뷰어 전주시를 위한 큰 그림을 그리고 있는데 어떻게 준비하고 있는가?

진 변호사 나는 전주시정이 획기적으로 변해야 한다고 생각한다. 크게 세 가지 방향에서 혁신이 필요하다.

첫째는 시민들의 작고 사소한 일상에 불편함이 없도록 공무원들이 최선을 다해야 한다. 예를 들면, 눈이 많이 오면 제설작업에 만전을 기하고 특히 노인들이 많이 사는 고지대의 제설을 최우선적으로 실시해야 한다. 서민들이 주로 이용하는 시내버스도 노선과 운행 방식에 세심한 관심을 가져야 한다.

공무원들이 시민들과 눈높이를 맞추고 봉사를 실천하기 위하여 월 1회 자원봉사 하도록 권장하고 싶다. 물론 시장이 솔선수범해야 한다.

둘째는 현재의 여건에서 최대한의 일자리를 창출하고 지역경제의 활력을 되찾는 방안에 중지를 모아 강력하게 추진해야 한다.

기업을 유치하고, 대학의 연구역량과 결합한 인력양성과 창업지원, 지역

내 강소기업의 지원, 첨단 IT와 문화컨텐츠를 융합한 산업클러스터 조성, 은퇴자 마을 조성 등 다양한 사업을 추진해야 한다.

그런데 이러한 사업만으로는 부족하다. 우리나라의 미래 성장동력은 재생에너지 산업이 될 것으로 예측하는 사람들이 많다. 마침 전북지역에 태양광산업과 풍력산업이 경쟁력 있게 성장하고 있다.

전주가 앞장서서 도심에 다양한 태양광 발전시설을 하고, 전기자동차를 선도적으로 도입하고, 소규모 바이오 연료산업을 지원하고, 도심 미관에 도움이 되는 수준의 풍력발전시설과 소규모 수력발전시설을 설치하고 쓰레기소각의 폐열을 도시난방에 활용하는 등 재생에너지만으로 도시의 에너지를 충족하는 것을 최종목표로 도시를 디자인할 필요가 있다. 그 과정에서 수많은 일자리가 창출되고 세계적으로 주목받는 도시가 되어 관광산업이 비약적으로 발전할 것이다. 느림의 철학을 대변하는 한옥마을을 돋보이게 하는 시너지 효과도 있을 것이다. 새롭게 성장산업으로 떠오르는 농업에 대해서도 과감한 지원이 필요하다.

셋째는 지역발전을 위한 담대한 구상이 우리에게 절실하게 요청된다. 그 구상에는 다음 세 가지 요소가 필수적으로 갖추어져 있어야 한다. 첫째 국가의 전폭적인 지원을 이끌어낼 수 있는 국가사업이어야 한다. 둘째 그동안의 침체와 낙후를 일거에 만회할 수 있는 유발효과를 기대할 수 있어야 한다. 셋째 전북만이 가지고 있는 특수한 여건과 장점이 충분히 부각될 수 있는 사업이어야 한다.

위 세 가지 요소를 갖춘 국가사업은 새만금 지역이 동북아 시대의 중심도시로서 성장하는 데 필수불가결한 인프라 구축이다. 그 인프라는 국제공항과 국제항만, 고속철도와의 연계되는 전철인데 새만금신항만은 건설 중이므로 나머지 새만금국제공항과 전주 고속철도역과 새만금 지역 간의 전철의 건설이 이뤄져야 한다.

위 국제공항과 국제항만, 고속철도와의 연계되는 전철이 없으면 새만금 지역의 국제경쟁력은 원천적으로 불가능하다. 그리고 전주로서는 동북아 시대의 중심도시인 새만금 지역과 전철로 연결되고, 1시간 거리에 국제공항과 국제항만이 있으면 홍콩이나 싱가포르 못지않은 국제도시로 발전하는 것은 시간문제라고 본다.

인터뷰어   롯데쇼핑 유치를 통한 종합경기장 재개발에 대한 입장은 무엇인가?

진 변호사   시민들의 공유재산인 덕진 종합경기장 부지를 롯데그룹에 내주어 쇼핑몰을 만들게 하고, 그 결과로 구도심의 중소상인들을 몰락케 하는 사업은 온당하지 않다고 생각한다.

우선 컨벤션센터는 국비 지원으로 하겠다는 것이므로 롯데그룹과 무관한 사업이다. 그리고 도심 한복판에 있는 덕진 종합경기장 부지는 교통 정체를 유발해 컨벤션센터의 입지로서는 부적절하다.

게다가 규모도 연면적이 1만 제곱미터 이하로서 연면적 9만 2,786제곱미터의 부산컨벤션센터나 연면적 6만 2,125제곱미터의 제주컨벤션센터와 비교하면 경쟁력이 없다. 혁신도시에 농업진흥청과 공동으로 농산물과 식품에 특화된 초대형컨벤션센터를 건립하는 것도 대안으로 생각해 볼 수 있다.

경기장 건설은 장동 월드컵 경기장 인근 부지를 종합 개발해 종합체육시설, 호텔, 백화점, 터미널 등의 복합단지로 건설하는 것이 좋을 것 같다. 그렇게 되면 상대적으로 낙후되어 있던 동산동과 조촌동 일대가 눈부시

게 발전할 것이고 전주 관문의 면모가 일신될 것이다.
덕진종합경기장 부지는 전주시의 마지막 남은 금싸라기 땅이다. 그 자리는 여의도 공원 같은 도심 대규모 녹지공원을 조성할 만한 곳이다. 지금은 도시 경쟁력의 중요한 한 축이 생태적 환경이다. 시내 중심지에 조성된 3만 5,000평의 녹지공원은 전주의 경관을 바꾸고 시민들의 평화롭고 안락한 휴식처로서의 제기능을 다할 수 있을 것이다.

인터뷰어　전주 한옥마을이 전국적인 관광명소로 자리 잡았다. 그럼에도 불구하고 한옥마을의 정체성에 대한 논란이 그치지 않고 있다. 이에 대한 입장과 한옥마을 발전 방향은 무엇이라 생각하는가?

진 변호사　한옥마을은 매우 매력적인 곳이다. 그리고 전주라는 도시의 브랜드 가치를 하늘 높은지 모르게 키우고 있다.
나는 서울 인사동과 북촌 마을에 자주 가는 편인데 전주 한옥마을이 월등히 낫다. 전주 한옥마을에 온 대다수의 관광객도 공감하는 부분이다. 볼거리도 더 풍부하고 먹거리도 더 풍부하기 때문이다. 상업화에 대한 지나친 우려는 기우다. 관광객이 온다는 것은 상업화에 성공했다는 것이므로 오히려 경쟁력이다. 박제화되거나 박물관화 되는 한옥마을은 바람직하지 않다.
다만 한옥마을의 매력은 느림의 미학에 있고, 느긋하고 여유 있는 분위기가 가장 큰 장점이므로 그 근본은 지켜야 한다.
앞으로 전주감영을 복원하면 경기전과 함께 한옥마을의 명소가 될 것이다.
한옥마을은 부가가치를 높이는 것이 관건인데 대부분의 선진국 관광은

쇼핑과 연계되어 있으므로 구도심 시내의 쇼핑거리와 한옥마을의 연계를 강화시키는 노력이 절대적으로 필요하다.

또 하나는 퇴폐적이거나 향락적이지 않으면서도 흥겹고 즐거운 고품격의 밤 문화를 육성하는 것도 중요한 과제다.

인터뷰어   전주시는 탄소산업도시 추진을 위한 여러 가지 성과가 눈에 띈다. 전주시의 장기적인 발전방향에 대해 말한다면?

진 변호사   전주시가 추진한 탄소산업도시의 성과는 고무적이다. 그러나 일부에서는 너무 부풀렸다는 우려도 있는데 기업들이 부담 없이 자유롭게 사업을 추진하도록 적극 지원하되 시민들이 너무 큰 기대를 갖게 해 기업에 큰 부담을 주는 것을 삼가는 것이 좋을 것 같다.

전주시의 장기 발전 방향은 앞서 말한 바와 같이, 전주가 동북아 시대의 중심도시인 새만금 지역과 전철로 연결되고, 1시간 거리에 국제공항과 국제항만이 있는 경쟁력이 있는 국제도시로 발전하는 것이다. 그렇게 되면 광주나 대전보다 더 잘사는 도시가 되지 않을까 생각한다. 물론 쉬운 일은 아니다. 많은 사람들은 불가능하다고 생각할지 모르겠다. 그러나 우리들이 1997년 전주고등법원 유치 운동을 할 때 그것은 불가능하다고 생각하는 사람들이 더 많았다. 그러나 10년 만인 2006년에 광주고등법원 전주부가 설치되었다.

나는 전주가 동북아 시대의 중심도시인 새만금 지역과 전철로 연결되고, 1시간 거리에 국제공항과 국제항만이 있는 날이 반드시 온다고 생각하고, 또 그렇게 되는 것이 대한민국의 경쟁력을 키우는 것이라고 생각한다.

『전북주간현대』 2013. 12. 13.

이웃과 함께하는 법률사회를 위하여

전문법률인력을 양성하는 Law School 전북 유치에 앞장설 터…

진봉헌 전북지방변호사회 회장(49세)이 이번 차(次), 초대된 손님이다. 그는 지난 연말에 있었던 자체 모임(전북지방변호사회 임사총회)을 통해서 신임(26대)회장으로 선출되었다.

"이웃의 어려움을 애써 살피고, 사랑을 실천하는 변호사회가 되도록 앞장서겠습니다. 물론, 그 구체적인 범위는 국민의 기본적 인권 옹호라는 법률구조 활동이 우선되겠지만, 법조인 이전에 시민사회의 일원으로서 보다 적극적이고, 능동적인 참여를 할 것입니다."

진봉헌 변호사를 만나면서, 대략 스토리라인(Story Line) 쪽보다는 플

롯(Plot)을 염두하게 된다. 그 까닭은 먼저, 방문자의 무지(無知)함과 더욱 다변화하는 사회구조 하에서 변호사회 역시 자유롭지 못하다는 점을 의식한 것이다. 그런 만큼, 그들은 여전한 오피니언 리더로서의, 테크니컬 겐차로서의 사인보드가 되고 있다.

"지방변호사회(대한변협산하)의 설립취지에 걸맞는 본연과 함께, 전라북도의 지역현안에 변호사회의 입장과 방향을 제시할 것입니다."

사실, 진봉헌 변호사와의 만남은 그 터울이 짧은 쪽이었다. 그의 답변 역시, 일정한 논리의 전형(법관은 법률에 의한 판결을 내린다는)을 벗어나지 않는 절제된 것이었다.

어려운 살림살이로 지목되는 전라북도의 면면을 하나둘 대차·대조하는 것은, 예의 방문 목적을 벗어나는 것이기도 하다. 방문자의 무례(無禮)함과 진봉헌 변호사의 유연함이 상충되면서 몇 차례의 강요(?)된 질문과 답변이 성립되었다. 방문자의 무례는, 일정의 의도된 오류이다. 일종(一種)의 '노블리스 오블리제'를 재삼 요구하는 터였다.

"법조(法曹) 3성(三聖) 조익성 변호사·김홍섭 변호사·최대교 검사장'과 가인(街人) 김병로(초대 대법원장) 선생을 비롯해서, 역사적으로 전북지역이 배출한 법조인의 면면이 바로 사표(師表)가 되고 있습니다."

진봉헌 회장의 소개대로, 대한민국 법률사의 한 페이지를 장식한 전라북도 출신 법조인의 명성이 대대적이다. 일제의 암흑기를 마악 벗어난 건국시기로부터 6·25, 4·19, 5·16으로 연속되는 현대사회의 격동기에, 그 박탈의 현장을 고스란히 지키어낸 판관(判官)들이었다.

이제 본선(本線) 합류를 시도할 차례이다. 진봉헌 변호사에게 변호사회의 회장으로 계획을 묻는다.

"특히 소외되고, 경제 형편이 어려운 분들을 도울 수 있는 법률 구제 기능을 강화시켜 나가겠습니다."

진봉헌 회장은, 변호사의 본디인 국민의 인권옹호에 한층 충실하기 위한 몇 가지 세목을 나열하였다. 즉 피의자 신문 시 변호인 입회권의 실질적 보장, 어려운 계층을 위한 법률구제 기능 강화 차원의 민·형사 부문 변호제도를 더욱 활성화시키겠다는 계획이다.

"갈수록 어려워지고 있는 변호사업계의 경제력을 위한 자체 연수프로그램을 강화시키겠습니다."

이 부분은, 사법고시 합격자 1,000명 시대라는 상황 변화와 함께 '로펌'등 대형화·기업화하는 사업자로서의 변호사 사회가 직면한 무한경쟁시대의 측면이 대입된 것이다. 까닭에 전북지방변호사회가 추진하려는 정례적인 연수프로그램(월 1회 - 해당 부문의 전문가 초빙 강연)의 확대 - 법원, 검찰, 법과대학 등으로 문호개방 - 및 자체 자정을 위한 윤리위원회의 강화운영 등은 오히려, 한 발 늦은 감이 있는 필연이 되어 있다.

"법조인 양성을 위한 로스쿨(Law school ; 법률전문대학원)의 전북

유치는 반드시 실현되어야 하며, 이의 성사를 위하여 총력을 기울이겠습니다."

　진봉헌 회장의 이 '로스쿨 유치 노력'은 사실, 일반 시민에게는 다소 생소한 이야기일 수도 있다. 다만, 앞으로는 이 로스쿨 졸업자(학부과정의 전공과는 무관하며, 그만큼 다양한 법률서비스와 각 분야별 전문인력의 법조계 진출이 용이해짐. 현행 사법시험제도의 지나친 과열·편중현상을 완화할 수 있을 것으로 기대됨)만이 변호사 → 판·검사 임용의 수순을 밟을 수 있다는 점과, 이 로스쿨의 유치 여하에 따라 해당 지방(광역자치단체와 그 지역대학들)법률시장·인력의 존립기반이 붕괴될 수도 있다는 유기적 함수관계가 성립되어 있다. 고등법원 전주지부 설치(2006)년 2월 예정-건물공사는 이번 2월 중 완공예정)의 차질 없는 추진 역시, 로스쿨의 성사와 함께 전라북도의 조바심거리이다.

　초대 전북지방변호사회 진봉헌 변호사와의 만남은 그의 절제된 자기표현 이상으로 전라북도 전역을 휘감고 있는 '현안'들과 또 다른 조우이기도 하였다. 변호사회에 그만큼의 사회적 역할을 기대하는 초보적 접근 역시 방문자 스스로의 벽일 수도 있다. 새만금공동변호인단, 지역혁신위원회, 노사정협의회 등의 활발한 참여활동을 보이고 있는 진봉헌 변호사의 노력으로부터, 충분한 미래기획으로 결집되어야 할 '전라북도의 힘'을 애타게 기대해 본다.

2005. 2. 12.

평등한 재판권 도민의 바람

진봉헌 변호사(광주고법 전주지부유치 공동위원장)

　최근 들불처럼 번지고 있는 전주고법 유치와 관련, '광주고법 전주지부유치위원회' 공동위원장을 맡고 있는 진봉헌 변호사를 만나 고법유치의 타당성 및 계획 등에 대해 들어봤다.

인터뷰어　최근 지역 법조계의 당면 과제로 떠오르고 있는 전주고법(광주고법 전주지부) 유치문제와 관련, 공동위원장이라는 중책을 맡고 있는데

진 변호사　10여 년 동안 끌어온 만큼 올해에는 도민의 숙원사업이 해결되길 바라는 마음이 간절합니다.

인터뷰어 광주고법 전주지부 유치운동은 언제로 거슬러 올라갑니까?

진 변호사 지난 70년대 법원조직이 개편되는 시점에서 거론됐지만 당시 소송 건수가 적다는 이유로 되지 않았습니다.
본격적인 고법 유치는 지난 93년 전북지방변호사회에서 건의된 뒤 도민운동으로 전환됐고 97년 도의회결의문 채택, 유치위원회 확대, 도민 서명운동 등을 전개하는 등 최근 10여 년 동안 각계각층이 당위성과 명분을 갖고 공감하고 있는 사안으로 확대됐습니다.

인터뷰어 지난달 말에 국회에 전주고법 설치에 대한 청원을 제출했는데 이에 대한 반응이나 분위기는 어떻습니까?

진 변호사 29명의 시민사회단체 대표가 청원인으로 참여했고 정세균 의원을 비롯해 전북 출신 의원과 타 지역구 의원 등 28명이 소개 의원으로 참여했으며 전북도 지역에 고등법원 설치의 타당성과 명분을 이해하고 동참하는 주는 뜻깊은 자리였습니다.
또한 의원입법 발의에서도 50여 명이 넘는 국회의원이 참여한 것은 그 어느 해보다도 유치 분위기가 무르익은 것 같습니다.
다만 대법원이 소극적 자세로 일관해 아쉬움으로 남았으나 지속적으로 납득시키고 분위기를 전환시키고자 노력하겠습니다.

인터뷰어 무엇보다도 도민의 의사나 역량을 한곳에 집중시켜야 할 것 같은데 이에 대한 복안이나 방향은?

진 변호사   전주고법이냐, 전주지부냐는 문제가 되지 않습니다. 도민이 고등법원이 소재한 지역의 주민보다 헌법에 명시돼 있는 평등한 재판청구원을 보장받지 못하는 안타까운 현실이 바뀌어야 한다는 게 중요합니다. 즉 어떤 형태로든지 도내 지역에서 항소심을 받을 수 있는 법원이 존재해야 한다는 것입니다.

인터뷰어   밥그릇 싸움이라는 일부 지적도 있는데

진 변호사   일각에서 법조계의 밥그릇을 늘리기 위한 것이 아니냐는 곱지 않은 시선이 있었던 것도 사실입니다. 하지만 공공선을 추구하는 도내 시민사회단체와 각계각층이 한마음 한뜻으로 동참하겠습니까? 법조인도 도민의 한 사람으로서 고법소재지의 주민에 비해 불편부당한 처우를 받아야 할 아무런 이유가 없고 이를 바꾸기 위해 나서는 것은 당연하다고 생각합니다.

인터뷰어   최근 지역 법조계나 각 시민단체들 사이에 유치운동이 들불처럼 번지고 있는데 위원장으로 재직하는 동안 역점적으로 추진할 과제라면?

진 변호사   도민들의 끊임없는 관심과 격려로 시작한 운동이 올해에는 그 어느 해보다 활발한 데다 국회의 분위기 등이 긍정적인 것으로 알고 있어 올해에는 고법 유치운동의 종지부를 찍고 싶은 심정입니다. 그리고 조만간 가질 예정인 유치추진위원회총회 및 도민 결의대회에 많은 관심을 가져 줬으면 합니다.   『매일전북』 2003. 7. 11.

원스톱 서비스센터 구축돼야

고용실업대책 전북도민운동본부 실업자지원센터 진봉헌 대표이사

활발한 사회활동을 전개하고 있는 진봉헌 변호사가 실업자를 위한 대안 마련을 위해 분주한 나날을 보내고 있다. 대표이사를 맡은 지 한 달. 진 변호사는 쏟아지는 실업자들에 비해 턱없이 모자란 정부와 도 당국의 실업대책에 분발을 촉구하며 전 도민과 함께 실업문제와 노숙자 문제에 나서야 한다고 밝히고 있다.

인터뷰어 한 달여 동안 활동해온 소감은?

진 변호사 도내에만 5만여 명의 실직자가 쏟아지고 있다. 그러나 이에 대한 우리의 사회보장제도는 턱없이 부족하다는 것을 느꼈다. 도내에도 역사 주변으로 노숙자들이 늘어나고 있다고 한다. 이들은 모두 우리 사회의 구성원이다. 이들에 대한 종합적인 대책이 필요하다.

인터뷰어   어떤 대책이 필요한가?

진 변호사   노숙자나 실업자들에게 제공되고 있는 각종 서비스가 단체 및 사회복지관별로 산재해 있어 효율적인 서비스가 진행되지 못하고 있다. 이를 하나로 연결하는 시스템이 필요하다. 실업자나 노숙자가 한 곳을 방문하면 관련 서비스를 동시에 제공받을 수 있는 종합서비스센터(one-stop service center) 형태의 쉼터를 조속히 구축해야 한다.

인터뷰어   실업대책에 대한 한 마디

진 변호사   정부의 실업대책이 경제회복에만 맞추어져 실업자에 대한 사회복지 제공이 2선으로 후퇴하고 있다. 경제회복과 사회복지는 선후의 개념이 아니다. 동시에 수행될 과제이다. 실업자나 노숙자에 대한 사회보장이 되지 않는다면 이들의 일탈로 인해 우리 사회는 더 큰 짐을 안게 될 것이다. 이들이 우선 다가올 겨울을 안전하게 보낼 수 있는 장치를 마련해야 할 것이다.

『전북일요시사』 1998. 11. 1.

패배의식 과감히 벗자

전주고등법원 유치추진위원회 집행위원장 진봉헌 변호사
가난 딛고 뒤늦게 사시합격 운동권 출신 법률가
광주고법 전주지부 설치에 앞장선 지역 일꾼

　순창 촌놈, 중학교 때 전주로 전학와 걸레 자루를 휘둘러 교실을 평정해버린 배짱. 전라고를 거쳐 성균관대 법학과에 다녔다. 텃세들은 없었지만 정작 그를 힘들게 한 것은, 깡촌 유학생들의 공통분모인 '생활고'. 그 시절 여느 고시생처럼 소박한 꿈이 있었다. 가난을 딛고 사회정의를 위해 봉사하는 것. 그것이 오늘 광주고법 전주지부 설치로 열매를 맺었다. 전주고등법원 유치추진위원회 집행위원장 진봉헌(42세) 변호사. 그를 만나 보았다.

그 시절이 가장 아름다운 추억

진봉헌(42세) 변호사는 쓰라린 학창 시절의 기억을 간직하고 있다. 친구 임흥종(현 변호사)과 단칸 자취방에서 밥을 굶었다. 연탄도 없었다. 입주과외, 각종 아르바이트를 하면서 이를 악물고 고시공부를 시작했다. 그때가 81년도, 광주민주화운동 이후 심리적 방황과 그해 겨울 아버님이 위암으로 돌아가신 충격을 딛고 겨우 사법시험에 합격했으나, 3차 면접에서 탈락했다.

그는 대학 2년 때(77년) 학내시위를 주도했었다. 당시 학교재단으로 참여했던 삼성 측이 성균관대를 수원으로 옮길 것을 계획했다. 그때 흥사단 아카데미 단원이던 그는 '명륜당(조선 시대 현 대학기능을 한 곳)을 지키고 재단의 횡포를 막아야 한다.'는 학생들의 전폭적인 지지를 받으며, 앞장서서 이를 막아냈으나 그 자신은 시위주도를 한 탓으로 제적을 당했다. 운동권 명부에 오른 것이다.

"그해 처음 독재정권은 운동권을 제거하기 위해 사법시험 1·2차에 합격해도 면접에서 탈락시킬 수 있는 제도를 시행했고, 대학 재학 중 학생운동으로 제적된 경력으로 말미암아 그 첫 번째 피해자가 된 것이죠. 엄청난 좌절감에 시달리며, 앞으로 진로에 대한 번민과 몇 년 동안은 대인공포증으로 시달렸죠."

도산의 내실, 산민의 낙관주의

그에게는 '패배해서는 안 된다.'는 신념이 있다. 대기업의 종합기획실에서 3년 근무하고, 한미합동법률연구소에서 연구원으로 2년간 근무하는 동안에도 꾸준히 사법시험을 준비했다.

"대기업의 말단 사원으로 근무했던 경험들이 세상을 보는 시야를 확 트이게 했죠. 그건 법률책에 묻힌 우물 안 개구리식 세상보기에서, 세상의 양극을 폭넓게 바라볼 수 있는 시각을 가지게 된 것 같아요. 극단적 대립은 상호 반작용을 낳게 되고 결국은 서로가 함께 피해를 입게 됩니다. 양극을 수용하는 포용력, 변호사 생활을 하면서 법원의 강제조정이 있을 경우 서로가 약간은 피해를 보더라도 이를 받아들이는 것이 서로에게 더 큰 이익이라는 것을 강조하여 설득합니다."

그의 30대에 가장 영향 준 사람은 도산 선생과 한승헌 변호사이다. "도산 선생이 가장 중요하게 여긴 건 주체개혁을 통해 실질적인 것을 추구하는 것이죠. 사회개혁에 앞서 자신 먼저, 바꾸어야 한다는 주체성을 강조한 겁니다. 변론을 하면서도 의뢰인에게 실질적으로 도움이 되는 것이 무엇인가를 먼저 생각합니다. 겉치레나 과장된 변론보다는 내실을 먼저 추구합니다. 가장 존경하는 어른은 산민 한승헌 변호사인데, 그분의 재치와 역사에 대한 낙관주의를 배우고 싶습니다."

남보다 더 노력하는 원칙론자

변호사 생활을 하면서 늘 마음에 걸리는 두 가지가 있단다. 하나는 사회적 악을 돕고 있지 않은가 하는 우려이다.

"우리 법조계의 현실상 변호사라는 직업이 하나의 사업가로 전락해 공적인 부분보다는 개인적·경제적 측면에 매몰되는 경우가 종종 있는 게 사실이죠. 변호사라고 해서 무조건 의뢰인의 요구를 따르기에 앞서 공적부분을 먼저 생각합니다. 이것이 바로 변호사의 생명입니다."

다른 하나는 자신의 무능과 게으름으로 혹여 변론에 실패하지 않을까 하는 우려이다. 그래서 그는 지금도 어느 동료 변호사들보다 먼저 사무실에 출근해 사건을 꼼꼼히 챙기려 노력하고 전북의 발전에 대해서도 나름대로 다부진 견해를 피력한다.

"전북 낙후의 원인을 정치적 차별에서 찾는 경향이 있는데 이것 역시 패배적인 생각입니다. 사회에서 성공한 사람은 모두 권모술수에 능하고, 실패한 사람은 정의의 편에서 원칙을 지키다 경쟁에서 탈락했다는 식으로 합리화하는 경우가 있는 게 사실이죠. 저는 남보다 잠을 덜 자고, 남보다 덜 쓰고, 남보다 더 노력해서 원칙을 지키며 자신이 원하는 것을 성취해야 한다고 생각합니다. 숨죽이며 정치권의 눈치만 볼 것이 아니라, 맡은 바 일에서 각자의 일에 충실할 때 전북의 발전도 앞당겨지리라 기대합니다."

이러한 그의 패배할 수 없다는 남다른 노력이, 그간 회의적인 반응을 보였던 전주고등법원 유치에 심혈을 기울여 마침내 광주고법 전주지부 설치를 가져왔다는 것이 주위의 한결같은 반응이다.

이제 전주에서 항소심 처리한다.

전북 도민의 숙원인 전주고등법원설치문제가 지난 14일 대법원이 국회 법사위에서 오는 2003년까지 광주고법 전주지부를 설치하겠다고 밝혔다. 고법유치추진위 집행위원장 진봉헌 변호사를 만나 그 의미를 물어보았다.

인터뷰어   그간의 경위는?

진 변호사   지난 93년 전주고법 유치를 위한 결의안을 채택한 이후 4년 동안 도민들의 끈질긴 성원과 도내 국회의원, 법조계 인사들을 중심으로 대법원에 줄기차게 요구해 왔고 드디어 지난 14일 대법원의 약속을 받아냈다. 대법원은 그동안 현실적 여건의 미성숙과 타 지역과의 형평성을 고려해 완강하게 반대해 온 것이 사실이나, 대법원과의 끈질긴 줄다리기를 벌여 입장 변화를 이끌어낸 것이다.

인터뷰어   광주고법 전주지부의 의미는?

진 변호사   그동안 광주고법에서 실시해 온 도내 항소심 사건이 전주에서 처리할 수 있게 돼 도민들의 재판청구권 행사에 큰 도움이 될 전망이다. 국회에 제출한 전주고법설치 법률안이 비록 보류되긴 했지만 지부 설치를 통해 모든 항소심이 전주에서 열리게 됐다는 실질적인 성과를 가져온 것이다.

인터뷰어   대법원의 약속은 법률사항이 아니라는 점, 설치 시점이 너무 멀다는 지적이 있는데?

진 변호사   전주고법설치법안을 제출할 때만 해도 무관심으로 일관하던 대법원이 지부설치나마 공식 언급한 것은 대단한 진전이 아닐 수 없으며, 앞으로 광주고법 전주지부 간판을 하루빨리 걸 수 있도록 다시 한 번 도민의 역량을 쏟아부어야 할 것이다.

『전북일요시사』 1997. 11. 30.

전라고 후배들과의 대화

38년의 세월을 넘어 후배들에게
- 선배와의 대화. 변호사 진봉헌 선배님

인터뷰어 전라고등학교 후배들에게 선배님의 간단한 소개 부탁드립니다.

진 변호사 반갑습니다. 전라고 후배 여러분, 저는 1975년도에 전라고를 졸업했고 96년 6월에서 98년 6월까지 12대 총동창회장을 맡아 전라고와 인연을 함께했습니다.

인터뷰어 선배님은 지금 어떤 일을 하시나요?

진 변호사 법무법인 제일에서 대표변호사를 맡고 있고, 법무법인 제일은 민사, 형사, 가사 등 법률 사무를 총괄하는 종합변호 사무소입니다.

인터뷰어   선배님이 존경하는 멘토가 있으신가요?

진 변호사   도산 안창호 선생을 가장 존경합니다. 이분은 어린 시절부터 저의 롤 모델이셨고, 성균관대학교 재학 시절 흥사단 전주지부장을 맡아 일하기도 했습니다. 다음으로 한승헌 변호사님을 존경합니다. 김대중 대통령 시절 감사원장을 역임하였고, 인권변호사로도 유명하신 분입니다.

인터뷰어   사회에 진출한 뒤 느낀 전라고만의 장점이 있는가요?

진 변호사   제가 재학하던 당시에 전라고는 개교한 지 얼마 되지 않은 신생학교였습니다. 그 까닭에 전주 시내의 다른 학교보다 역사가 짧아 상대적으로 동문 수가 적었지요. 그래서 그 탓에 우리 동문들은 서로 간에 더 깊은 애정과 신뢰를 가질 수 있었고 개척자 정신도 가질 수 있었죠. 지금도 전라고 동문들은 단합이 잘되어 잘 뭉치기로 유명합니다.

인터뷰어   선배님은 꿈을 이루기 위하여 어떤 노력을 하셨나요?

진 변호사   저의 꿈은 어린 시절부터 법조계에서 일하는 것이었습니다. 그래서 정말 열심히 공부했고 그 탓에 고등학교 때의 추억이 별로 없는 것 같습니다. 제가 재학하던 당시 법조계에 들어가기 위해서는 명문대 법대를 졸업하는 것이 유리했고, 그 탓에 대학생활이 끝나고 곧바로 사법시험 준비를 해야 했습니다. 저는 사법시험공부를 독학으로 해냈고,

하루에 8시간에서 10시간 정도 2~3년 꾸준히 공부했습니다.

인터뷰어　　학창 시절로 되돌아가신다면 무엇을 하고 싶으신가요?

진 변호사　　정말 돌아가고 싶습니다. 학창 시절 학업 때문에 하지 못했던 독서와 운동, 음악 등의 취미생활을 하고 싶고, 공부밖에 하지 못했던 학창 시절이라도 되돌아가서 그때보다 더 열심히 살고 싶습니다.

인터뷰어　　선배님의 학창 시절 중 가장 기억에 남는 선생님은 어느 분이신가요?

진 변호사　　3학년 때 국어를 담당하신 최근호 선생님이 가장 기억에 남습니다. 그분 덕에 학창생활을 더 즐겁고 자신감을 가지고 보낼 수 있었던 것 같습니다.

인터뷰어　　전라고의 최근 모습에 대해 어떻게 생각하시나요?

진 변호사　　은동수 교장 부임 뒤 학생지도 활동이 활발해졌다고 들었습니다. 학생들도 잘 따르고 학생들의 생활이 모범적이라고 알고 있고 동창들이 큰 기대를 하고 있는 걸로 압니다. 최근에 두발 규제가 많이 완화되었다고 들었는데 우려와는 달리 보기 좋습니다.

인터뷰어　　선배님이 기억하시는 1970년대의 전라고는 어떤 모습이었나요?

진 변호사   지금보다 많이 엄격했습니다. 선생님들이 당시의 사회적 상황 속에서 면학 분위기 조성을 위해 많이 노력하셨는데 그 때문에 학생들의 자유가 제한되었고 암울한 모습이었죠. 하지만 그 당시에는 학교폭력이나 왕따 같은 사회문제가 비교적 적어서 학우들 간의 우정과 신뢰가 깊었던 것 같습니다. 그래서 이를 원동력 삼아 고달팠던 학교생활을 잘 견딜 수 있었던 것 같습니다.

인터뷰어   선배님이 앞으로 이루고 싶은 목표가 있다면 말씀해주세요.

진 변호사   앞으로 시민의 손발이 되어 일하고 싶은 소망이 있습니다. 우리 고장 전주를 위해 일하고 전주의 과거의 영광을 되찾아서 어느 광역시 못지않은 모습을 갖추게 하는 데 기여했다는 평가를 받고 싶습니다.

인터뷰어   전라고 후배들에게 하고 싶은 말이 있으시다면 해주세요.

진 변호사   전라고 후배 여러분, 지금 여러분이 처해 있는 삶을 회피하지 말고 현실을 직시하세요. 항상 도전하는 자세를 가지고 사시기 바랍니다. 인류가 이제까지 역사를 이어올 수 있었던 이유는 이익만을 추구하는 사람보다 선을 추구하고 세상에 도움을 주려고 노력하는 사람들이 더 많았기 때문이라고 생각합니다. 여러분도 세상에 도움을 주는 사람이 되시길 바랍니다. 그게 성공의 지름길입니다.

전라고등학교 교지 2013년 『가람』

 진선미 의원 대담

원세훈 전 국정원장 '정치개입' 의혹 폭로
민주당 진선미 의원

국정원은 어떤 조직인가. 국정원법에 따르면 국가를 지키기 위해 방첩과 테러, 내란과 외환의 위험을 감지하는 정보를 담당한다. 정치적으로는 중립을 지켜야 하는 기관. 그런데 지난해 대통령 선거 직전에 국정원 직원이 정부에 비판적인 의견을 비판하고 정부 정책을 옹호하는 인터넷 댓글을 달아온 것이 드러난 데 이어 최근에는 이것이 원세훈 전 국정원장의 지시에 따라 조직적으로 이뤄졌을지도 모른다는 자료가 나왔다. 원 전 국정원장은 2009년 2월 부임한 이래 한 달에 한 번꼴로 부서장 회의를 가지면서 젊은 층의 여론을 바꾸기 위한 작업과 '종북좌파' 단체와 정치인에 대한 대응, 정부의 국정운영을 홍보하는 일을 지시했다는 문건이 나왔다. 인권변호사 출신으로 민주통합당 비례대표 초선인 진선미(45) 의원이 18일 기자회견을 통해 이 문건을 공개했다. 국정원은 젊은 층 우군화 방안은 비밀이라 밝힐 수 없고 '부서장 회의에서는 정치중립을 강조했다.'고 대응함으로써 부서장 회의가 있었다는 사실을 인정했다. 종북 좌파 단체로 규정된 민주노총 전교조 등이 원 전 원장을 고소했음에도 검찰은 수사를 미적대면서 의혹을 부풀렸다. 원세훈 전 원장의 행적은 전혀 드러나지 않은 상태에서 24일 미국행 비행기에 오른다는 소문이 나자 이날 시민들이 인천공항에 모이면서 국정원의 정치개입 여부는 온 국민의 관심사가 되었다. 진선미 의원을 22일 만났고 24일 오후 4시 반에 인천공항에 가 있는 그와 다시 통화를 나눴다.

인터뷰어 출국금지도 내려졌다는데 인천공항에는 왜 가셨어요?

진 의원 토요일 오전까지도 출국금지조치는 되어 있지 않다고 확인이 됐는데 오후 5시쯤 TV조선에서 출국금지조치가 내려졌다 나왔어요. 그런데 국정원의 태도가 일관되게 거짓말로 내려왔기 때문에 보도내용이 사실인가 다각도로 확인을 했는데 어디에서도 확인해주지 않는 거지요. 국회 법사위를 통해 전달받은 법무부의 공식답변은 '공식적으로 수사 중인 사안이라 상세하게 답변해드리지 못함을 양해바람'이었습니다. 꺼진 불도 다시 본다는 심정으로 왔어요. 오늘(24일) 미국행 비행기가 8편 있는데 마지막 비행기가 5시 10분이에요. 그걸 보고 돌아갈 생각입니다. 그분 집에서 트럭이 짐을 실어 내갔다, 집에 사람 있는 기색이 없다, 그러니까 우리로서는 불안한 것이지요.

인터뷰어 미국에 가면 범인인도협정에 따라 곧바로 올 수 있지 않나요?

진 의원　　그것도 어렵지요. 이것도 (국정원녀 댓글사건이 터진 후) 3개월 만에 겨우 나온 것이고 국가기관 특성상 비밀이라서 입증되는 게 얼마나 힘들겠어요. 당사자가 없는 상태에서 수사가 얼마나 빨리 제대로 이뤄질 것이며 범인으로 확인되지 않은 상황에서 범인인도요청까지 기다리다 보면 이 사건은 묻히는 거지요.

인터뷰어　　그런데 국회의원이 검찰에 수사요청을 했는데도 지켜지지 않아서 이렇게 직접 공항을 지켜야 합니까?

진 의원　　행정부를 견제한다는 기능으로 보면 국회의원의 권한이 너무 약해요. 국회의원은 입법을 통해서 압박을 할 수밖에 없는데 여당이 다수당이면 야당의 생각을 정책으로 입안하고 입법화로 완결시키는 데는 무력감이 많이 들더라고요. 자료제출 해달라는 요구도 잘 안 들어주고요. 다행히 시민단체와 시민들이 많이 모였고 언론사들도 많이 나와서 보도를 해주니 수사가 본격화되길 기대해봅니다.

인터뷰어　　이미 다른 국제공항을 통해 나갔을 가능성은 없나요?

진 의원　　정보기관의 수장을 했던 사람이 그렇게까지 나가려고 했다면 고이 보내드려야 하는 거 아닐까요? 하하.

인터뷰어　　국정원에서 무슨 일이 일어났던 거예요?

진 의원　　작년 12월 11일 대통령 선거를 앞두고 국정원 직원이 댓글을 다는 불법선거운동이 벌어지고 있다는 제보가 민주당으로 들어왔잖아요. '국정원녀 댓글사건'으로 알려진 그 사건에 대해서 경찰이나 선관위가 제대로 수사를 하지 않았어요. 가장 중요한 대선국면인 12월 16일 일요일 밤 11시에 매우 불완전한 수사결과를 발표하고 끝났어요. 17일 18일이 가장 중요한 시기인데 인권변호사이기도 한 문(재인) 후보님이 가녀린 여자의 인권을 침해했다는 전면적인 공격을 당했어요. 인권유린 하면서까지 선거 이기려는 추악한 모습으로 각인이 되었잖아요. 저를 포함해서 당시 현장에 갔던 의원들은 모두 불법감금죄라는 폭처법(폭력행위 등 처벌에 관한 법)의 대상이 됐어요. 진상규명위원회를 꾸려서 검찰 경찰의 수사를 독려했지만 계속 지지부진이 된 상태였어요. 그런 과정에서 제보를 받았어요. 원세훈 전 원장의 지시와 '국정원녀'로 알려진 여성분이 인터넷 사이트에 올린 댓글의 내용이 부합되는 것이었습니다. 정보위 소속 유인태 의원님실을 통해서 새 국정원장 후보자에게 국정원이 '젊은 층 우군화 심리전 강화방안'을 논의했는지 부서장 회의가 있었는지 여부를 질문했습니다. 비밀사항 때문에 공개할 수 없다는 답변에서 있긴 있다, 하긴 했다는 확증을 잡고 발표하게 된 것입니다. 국정원이 반박자료를 통해 '그건 업무사항으로 한 거고 정치적 중립을 강조했다.' 그러면서 국정원장 말씀 내용을 공개했어요. 저희에게 또 내부제보자에게 국가기밀을 폭로했다 그러는데 국정원의 이런 대응은, 국정원장의 발언 자체가 국가기밀은 아니라는 뜻이죠.

인터뷰어   뭐가 제일 문제인가요?

진 의원   영향력이 큰 언론이 친여 성향으로 그런 정보만 다뤄지는 상황에서 2010년의 지방선거, 2011년 서울시장 선거에서 인터넷 SNS 같은, 시민들이 직접 참여하는 미디어가 유일하게 공정성을 기대하는 역할을 했거든요. 그런데 여기에까지 정보기관이 여론조작에 나섰다는 뜻이지요. 젊은 층이 자주 드나드는 곳을 파악하고 그곳에서 정부에 비판적인 내용은 축소하고 도움되는 내용은 확대하는 심리전을 펼친 게 아닌가 싶어요. 4대강사업 세종시 한미FTA 같은 정치현안에 대해서 정부 편을 노골적으로 들어서 국민들이 자기의 삶에 영향을 미치는 현안들에 대해서 정확한 정보를 알고 자기 생각을 표현하는 걸 막았습니다. 자기 의견을 표현하는 것은 민주사회의 근간이잖아요. 국가의 정보기관이 나서서 정보를 왜곡하고 여론을 호도한 것은 민주주의의 근간을 흐트러뜨리는 일입니다. 이건 내란죄다, 국가의 뿌리를 흔드는 엄청난 일이라는 지적도 나옵니다. 다양한 계층들의 다양한 입장들을 반영해서 정부에 실책을 비판하고자 만들어진 합법적인 단체들에 종북이라는 멍에를 씌워서 설득력을 잃게 만들었어요. 정치인이나 사회단체가 국민들을 설득해서 옳다는 정책을 만들어나가는 역할을 하잖아요. 그런데 종북이라는 말을 붙여서 국민들이 그 사람 말을 안 믿게 만드는 것이지요.

인터뷰어   진선미 의원은 종북의원 딱지 붙었습니까?

진 의원   문건에는 '이번 4·11 총선을 통해 종북 성향을 가진 다수의 의원들이 대거 진출했다.'고만 되어 있고 이름이 적시되진 않았어요. 그래서 더 무섭다는 거지요. 비판만 하면 그런 성향 아니야? 해서 사람들로 하여금 건전한 비판의 목소리조차 들리지 않게 만들려는 거지요. 그런 용어는 누구에게도 쓰지 말아야 합니다. 이분들이 '종북'이라는 개념을 좋아하는 이유가 있어요. 정부 비판 공격도 북한의 동조세력들을 확인하기 위해서 한 거라고 이야기할 수 있거든요. 정치개입이 분명한데도 마치 자기들의 업무의 영역이라고 왜곡시키기 위해서는 그 개념이 딱 매개체가 되는 거지요. 검찰 경찰은 국회의 감시라도 받아요. 국정원은 국회 정보위조차 비밀인데 어떻게 감시가 되겠어요.

인터뷰어   성균관대학이 꽤 운동권이 셌는데 종북 성향 운동권은 아니었어요?(웃음)

진 의원   저는 연애권이었어요. 하하하. 저희 아버지가 함경도 분이시고요. 한국전쟁 때 평양사범 1학년이었는데 국군이 올라왔을 때 정훈장교로 합류하여서 내려오셨어요. 북한에 홀어머니를 두고 오셨다고 늘 그리워하셨어요. 제가 중 3 때 아버지가 돌아가셔서 왜 순창에 정착하셨는지는 정확히 모르겠는데 초대 문화원장도 하셨어요. 제가 종북이라고 한다면 우리 아버지가 자다가 벌떡 일어나시지 않을까요.

인터뷰어   국회의원도 수사를 강제할 방법은 없습니까?

진 의원   우리나라는 정말 행정부가 무소불위예요. 입법부가 행정부를 견제하기에는 너무 힘이 없어요. 의욕적으로 제안했던 입법들은 다수결의 논리에 의해서 묶여 있어요. 자료제출 요구가 저희가 할 수 있는 건데 많이들 거부하고요. 심지어는 제보를 받고 어느 청장한테 인사 문제를 제기하면 그 자리에서 내부 제보자를 색출하라는 지시를 내려요. 이런 상황에서 국민들께서는 또 국회의원이 제대로 하는 것 없으니 돈은 왜 받냐, 국회의원 수를 줄여라 그러시니까 행정부 견제가 더 힘들어요.

인터뷰어 어떻게 하면 입법부의 권위가 서겠어요?

진 의원 정치혁신안으로 저희가 내세우는 게 몇 가지 있어요. 국회 예결위(예산결산위원회)를 상설화해서 예산심의를 1년 내내 해야 한다는 것. 그리고 행정부에 대한 감사권한을 국회가 가져야 해요. 지금 감사원에서 감사를 하는데 행정부 감사를 행정부에 속한 감사원에서 제대로 할 수 있을까요? 국회 자체에서 청문회를 통해서 감사를 할 수 있게 감사권을 국회 쪽으로 옮겨 오는 방안도 논의해봤으면 좋겠어요.

인터뷰어 법대는 법조인이 되려고 갔나요?

진 의원 그렇지는 않았어요. 5남매 중 막내딸로 자랐으니까 등록금도 싸고 집에서도 가까운 교대를 권하셨어요. 제일 큰오빠(진봉헌 변호사·57세)가 81년에 사법고시에서 시위전력 때문에 3차에서 떨어지고 쌍용에 근무할 때였거든요. 성적도 되고 사회과목 좋아하니까 법대를 가라고 권했어요. 오빠는 86년에 다시 사법고시를 쳐서 합격했어요. 그래서 아무 생각 없이 왔지요. 그런데 변호사가 다른 직업보다는 다른 사람에게 도움이 되는 일을 할 수 있겠구나 싶어서 뒤늦게 공부를 시작했어요.

인터뷰어 변호사로 가장 보람차게 여기는 것은 뭐예요?

진 의원   당연히 호주제를 없앤 것이지요. 호주제라는 게 한 집안의 가장을 가장 나이 많은 남자로 정하고 그 아래에 사람의 등급을 매기는 거잖아요. 이게 1999년에 시작해서 헌법 민법 바뀌고 가족제도까지 2008년에 완전히 끝났으니까 오래 걸린 만큼 배운 게 많아요. 모든 일은 적정한 때와 다양한 요소들이 조합이 될 때 성과가 이뤄진다는 걸 깨닫게 되니까 느긋해지더라고요. 사실 해방 이후 여성계 큰 숙원사업이었는데 50년을 이루지 못하다가 그 결과까지 본 건 제가 복이 많았다고 생각해요.

인터뷰어   정치를 한다면 뭘 이루고 싶었어요?

진 의원   사법개혁 문제, 소수자와 장애인을 위한 입법작업을 하고 싶었고요. 현재 경찰 소방인력의 처우를 개선하는 히어로법안을 입안해 놓았어요. 계약결혼이나 결혼제도 바깥에 소외되어 있는 분들의 보호를 강화하는 법안도 생각하고 있어요.

인터뷰어   실제로 결혼식은 올렸지만 혼인신고는 안 하셨다고요?

진 의원   1998년 11월에 결혼식을 올렸는데 몇 달간은 서로가 바빠서 혼인신고를 못했고 몇 달 뒤에 곧바로 호주제 폐지를 위한 소송인단에 참여했어요. 그러면서 호주제가 개선되면 혼인신고를 하자고 했는데 그게 이렇게 길지는 몰랐어요. 하하. 정치에 들어오면서 갑자기 혼인신고를 하는 것도 어색하고 그런 쪽의 사람들을 대변할 수도 있겠다는 생각이 들었어요.

인터뷰어   원세훈 전 원장한테 한 말씀 하신다면?

진 의원   원장님, 저는 오늘 원장님과 맞닥뜨리지 않아서 너무 감사하고요. 제가 인천공항까지 와서 헛수고한 게 그렇게 기쁠 수가 없고요. 원장님께서 수년 동안 국가안보의 최전선에 서 있던 정보기관의 수장으로서 정정당당해야 한다고 생각합니다. 본인이 한 일에 대해서는 책임을 지고 만약에 본인의 주장처럼 아니라고 하면 정말 정정당당하게 정면 대응해서 항변하십시오.

『한국일보』 2013. 3. 24.

후기

사랑하는 당신에게

여보, 우리가 결혼한 지 벌써 30년이 넘었네요. 이 긴 세월이 어느새 지나가 버렸는지 모르겠습니다. 언제든 죽을 수 있는, 언제 죽어도 그리 억울하지 않은 그런 나이가 되었습니다. 이제 우리는 인생의 마지막 3장만을 남겨 놓고 있습니다.

오랜 기간 동안 당신이 써온 글들을 모아 책을 내놓게 되어 진심으로 축하해요.

그동안 당신과 겪었던 일들이, 즐거웠던 일들보다는 힘들고 어려웠던 일들이 눈앞에 떠오릅니다. 33년 전, 아직 한 명도 대학에 들어가지 못한 동생들을 4명이나 남겨 놓고 당신의 아버님이 돌아가셨습니다. 설상가상으로 당신은 사법고시 3차 면접 시험에서 그만 학생 시위 경력으로 떨어지고 말았습니다. 당시는 전두환 대통령 시절로 사법고시 사상 처음 있었던 일이었지요. 결혼을 한 몸으로 동생들까지 데리고 있어야 했던 당신은 어쩔 수 없이 쌍용회사에 입사했습니다. 그러나 3년을 근무하면서 당신은 이 길이 당신의 길이 아니라는 것을 깨닫고 사표를 내고 다시 고시공부를 시작했습니다. 우리에겐 참으로 아찔했던 시절이었습니다. 사실 사법고시에 다시 붙는다는 보장이 없었으니까요. 아들을 둔 가장으로서, 아버지를 대신하는 집안의 기둥으로서의 부담감 속에서 결국 당신은 2년 만에 다시 사법고시에 붙었습니다.

우리가 뒷바라지하던 당신의 막내 동생인 진선미 국회의원은 현재 한국의 정치 발전을 위해 열심히 뛰고 있습니다. 당시 우리는 쌍용회사에서 받은 월급으로는 결혼 자금으로 은행에서 빌린 융자금 갚기도 빠듯했는데, 우리와 함께 살았던 당신 동생들이 어떻게 다 대학을 졸업할 수 있었는지 지금 생각해도 기적 같기만 합니다. 물론 연탄 한 장이 아까워 한겨울에도 마음대로 불을 때지 못하고 지내셨던 당신 어머니의 노고와 결혼 후에도 막내딸을 위해 모든 걸 헌신했던 저희 어머니의 도움이 없었다면 다 불가능했던 일이었습니다.

정말 자랑스럽고 위대한 우리 대한의 어머니들이십니다.

당신이 2년간의 사법연수원 생활을 마치고 판사로 임관했지만 우리에게는 늘 마이너스 통장이 따라 다녔습니다. 그러나 우리에게 미래에 대한 걱정은 없었지요. 우리는 젊고 희망에 차 있었으니까요. 당신이 변호사 개업을 하면서 브로커를 쓰지 않고 사무실을 운영하겠다고 했을 때 목포에서 변호사 일을 해 오시던 저희 형부께서 그렇게 하면 힘들 거라고 충고해 주셨습니다. 그러나 당신은 당신 특유의 소신과 성실함으로 변호사 일을 성공적으로 해냈고, 우리는 경제적 여유를 비로소 얻게 되었습니다.

하지만 당신은 젊었을 때의 꿈을 잃지 않고, '전북청년 21'을 조직하고 실업자 종합지원센터 대표이사를 맡는 등 사회, 정치적 활동을 꾸준히 해왔습니다. 그중에서도 전주고등법원 유치를 위해 십여 년이라는 긴 세월 동안 서울을 끈질기게 오르내렸던 당신의 모습이 특히 기억에 남습니다. 남들이 다 잠을 자는 꼭두새벽에 일어나 집을 나서고, 눈이 오는 깊은 밤에 아직 돌아오지 않은 당신을 걱정하던 날들이었습니다. 현 김완주 도지사님도 힘들 거라고 예상하였는데, 기어이 당신은 전주에 광주고법 전주부를 유치시켜냈고, 수많은 전주 시민들이 이제는 광주에까지 가서 항소 재판을 해야 하는 수고를 덜게 되었습니다.

그 후 전북변호사회 회장으로 일하던 당신은 8년 전에 전주시장 선거에 출마하여 현 송하진 시장님에게 아슬아슬한 표차로 밀려 낙선했습니다.

그리고 이제 당신 생애에 마지막 선거를 앞두고 있습니다.

이렇듯 조금도 쉬지 않고 달려온 당신 옆에서 저 역시 참 많은 우여곡절을 경험했던 것 같습니다. 주위에서 사람들은 나에게 '당신이 당 지도부에 돈을 썼더라면 이미 당선됐을 거다.', '당신이 만약에 전주고등학교를 나왔으면 벌써 정치인이 되었을거다.'라는 말들을 곧잘 합니다. 그러나 나는 누가 뭐라고 하든 당신은 정도(正道)를 걸어가리라는 것을 알고 있습니다. 당신이 브로커를 쓰지 않고 변호사 일을 해왔듯이, 정치도, 선거과정도 당신 소신대로 깨끗이 하리라는 것을 알고 있습니다.

당신은 내게 비록 편안한 삶을 주지는 않았지만, 내가 계속 공부할 수 있도록 도와주었고, 나를 그 누구보다 아끼고 존중해 주었습니다. 당신은 참으로 착한 남편이자, 착한 아빠였고, 그리고 여전히 착한 아들입니다. 당신 곁에서 당신을 30년 넘게 보아온 나는 당신이 비록 화려하고 매력적인 사람은 아니지만, 진정으로 훌륭한 사람이라는 것을 잘 알고 있습니다. 당신은 늘 나보다 훨씬 더 멀리 더 깊게 생각하면서 주위 사람들의 행복을 위한 삶의 틀을 보이지 않는 곳에서 혼자 묵묵히 마련해 주곤 했으니까요.

당신이 개인적 안위를 포기하면서 이렇게 힘든 정치인의 길을 걸어가는 것이 돈이나 명예, 권력을 위한 것이 아님을 나는 잘 압니다. 당신은 '그 무언가 고귀한 것을 위해 헌신하는 삶'을 살고자 하는 사람이니까요.

그래요, 결국 당신은 공공의 행복을 위해 헌신하는 삶을 살아갈 수밖에 없는 사람입니다.

사법고시 시험이 얼마 남지 않아 암으로 투병하시는 아버님 곁에 갈 수 없자 아버님 고통에 동참하고 싶어 당신이 신발을 벗고 맨발로 하얀 눈 위를 걸었듯이 저도 당신을 위해 신발을 벗겠습니다.

당신을 지지해요.
그리고 사랑합니다.

2월의 어느 날, 임실 창인리 연구실에서
김 영 숙 올림